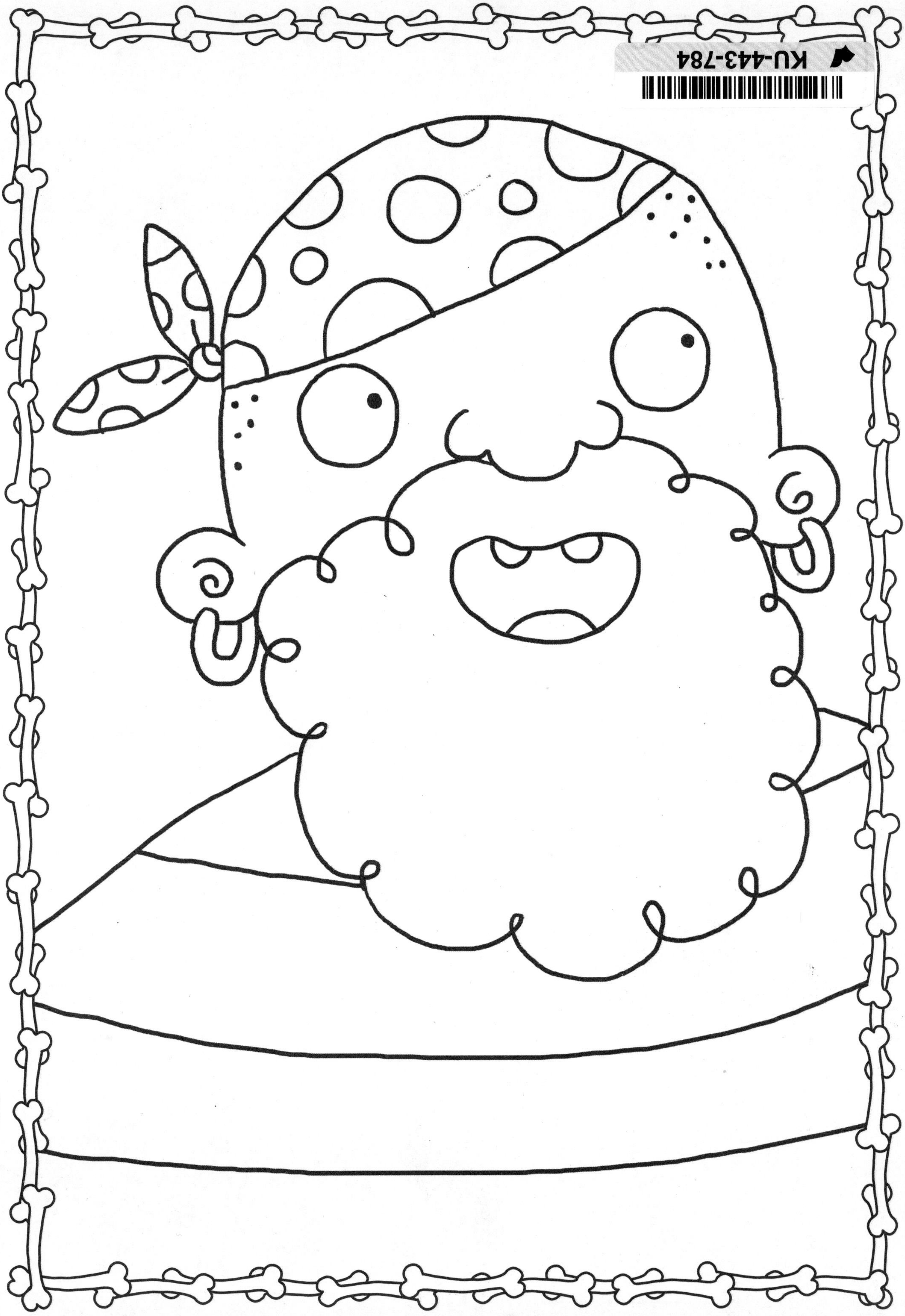

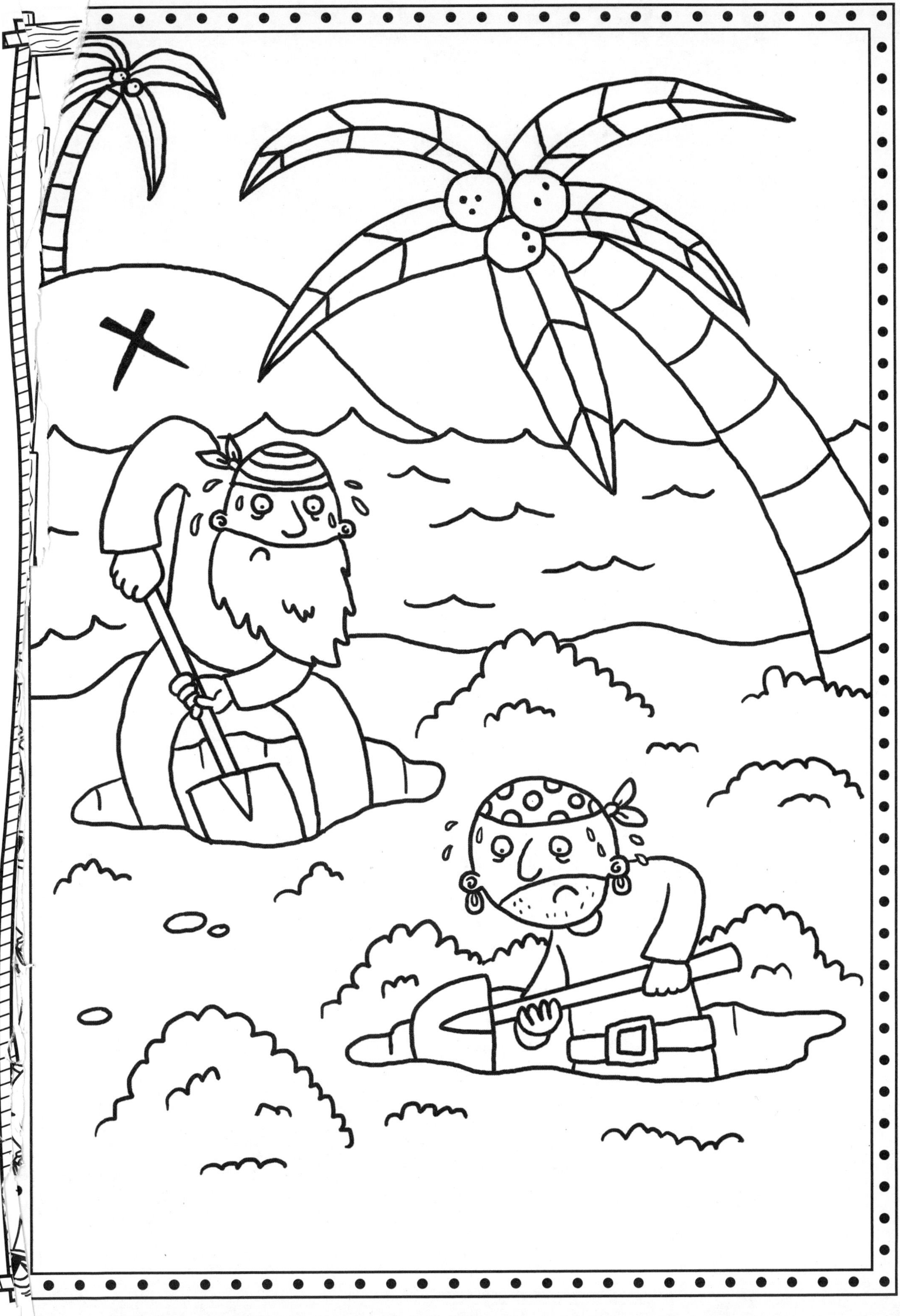

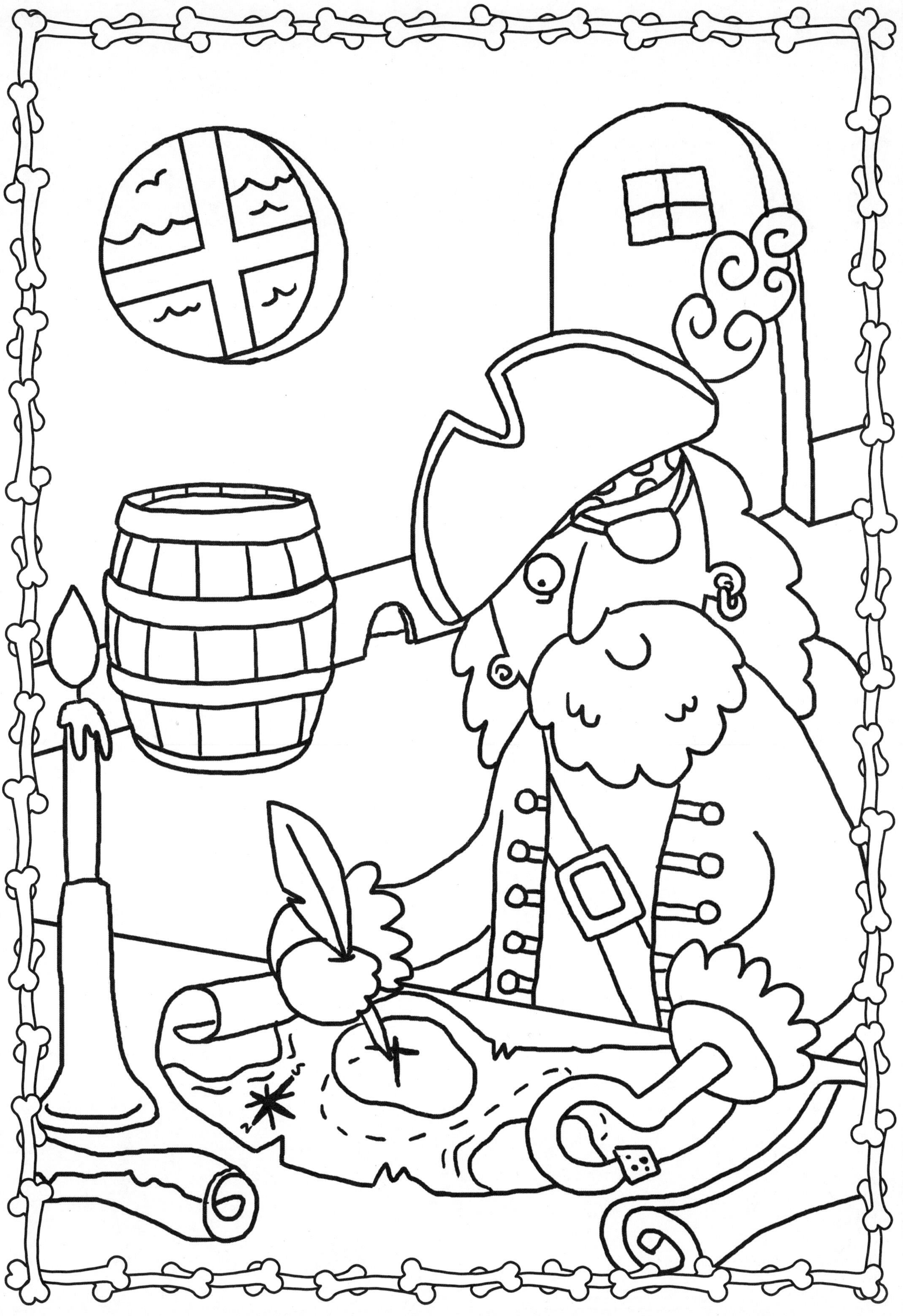

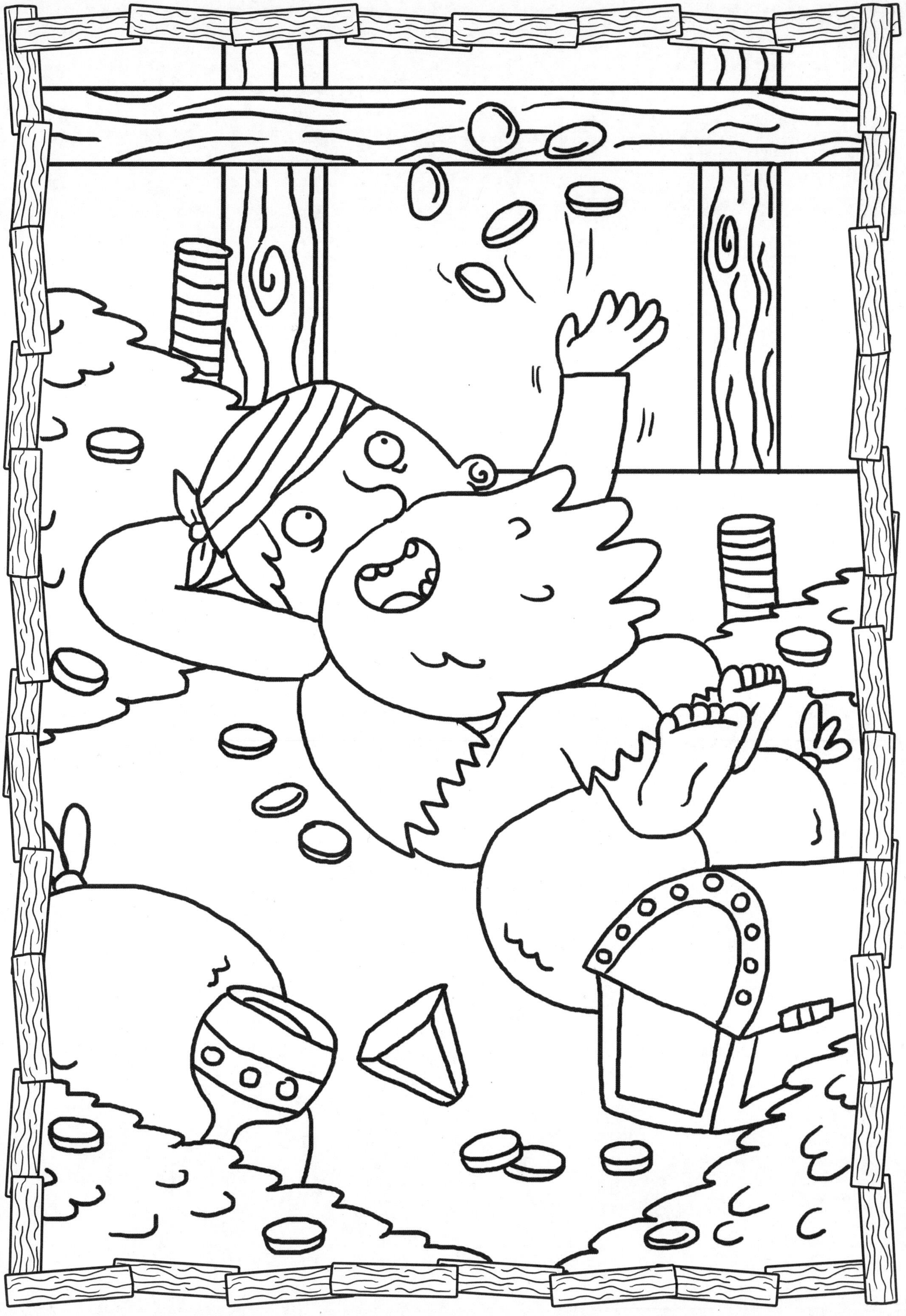

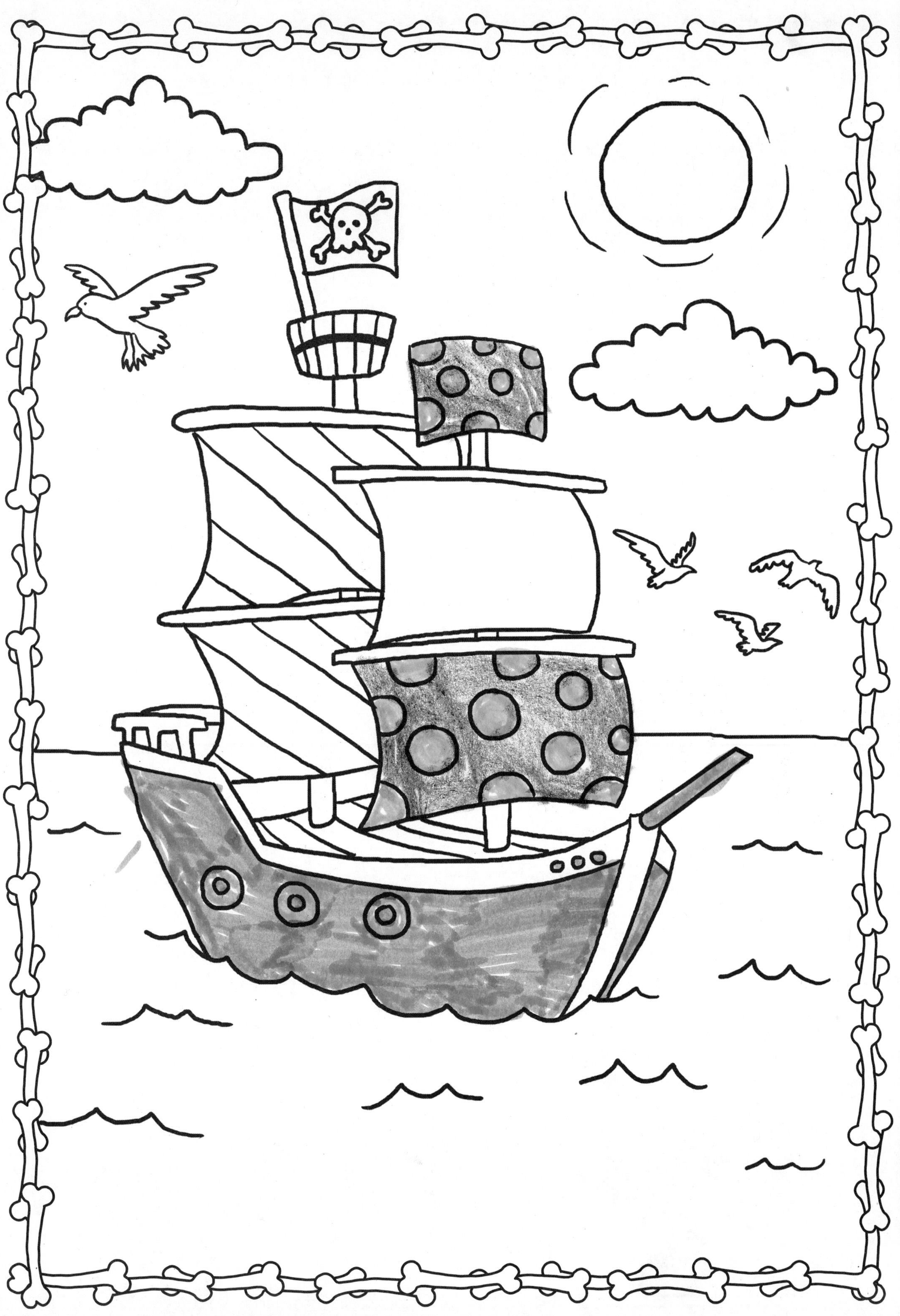

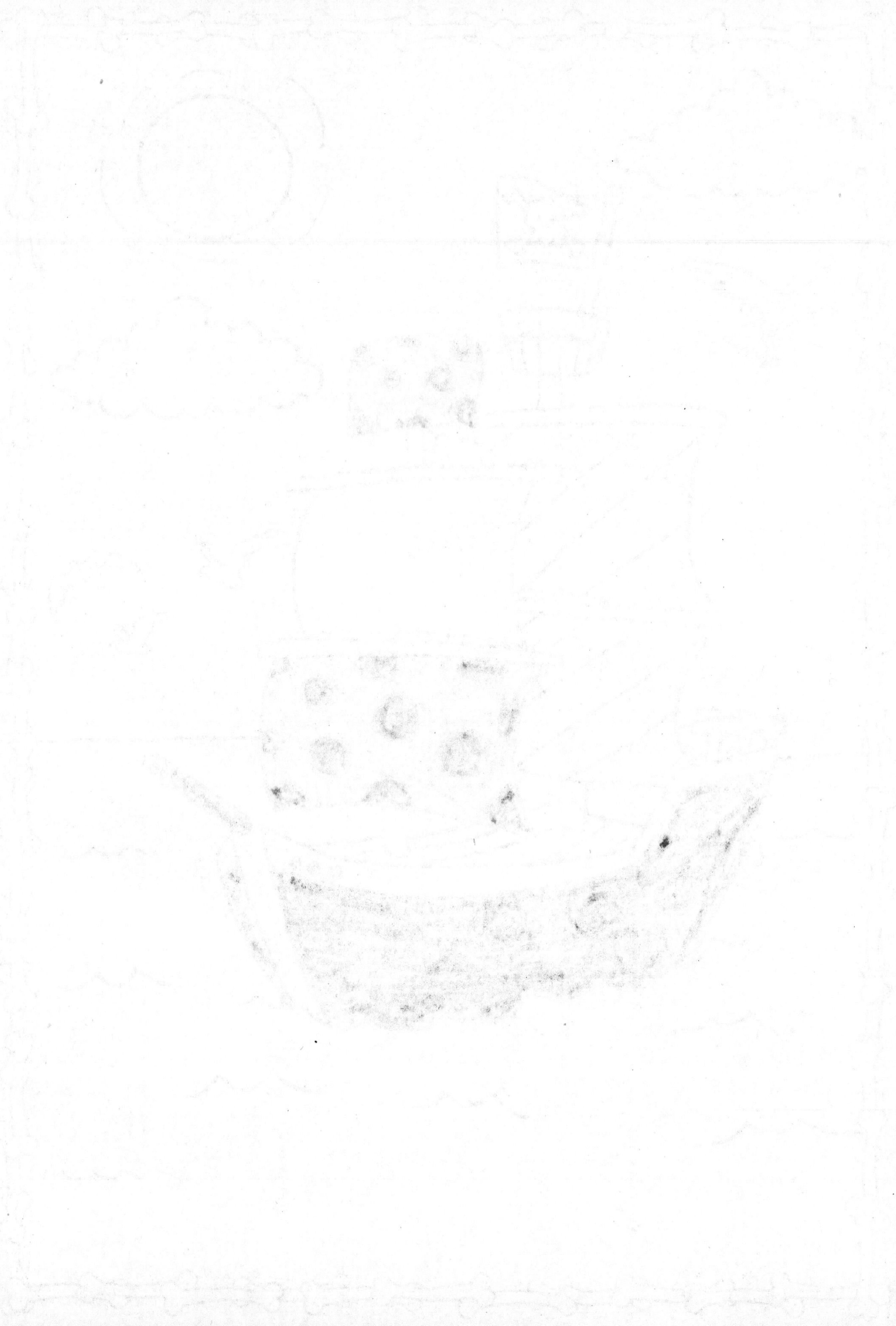

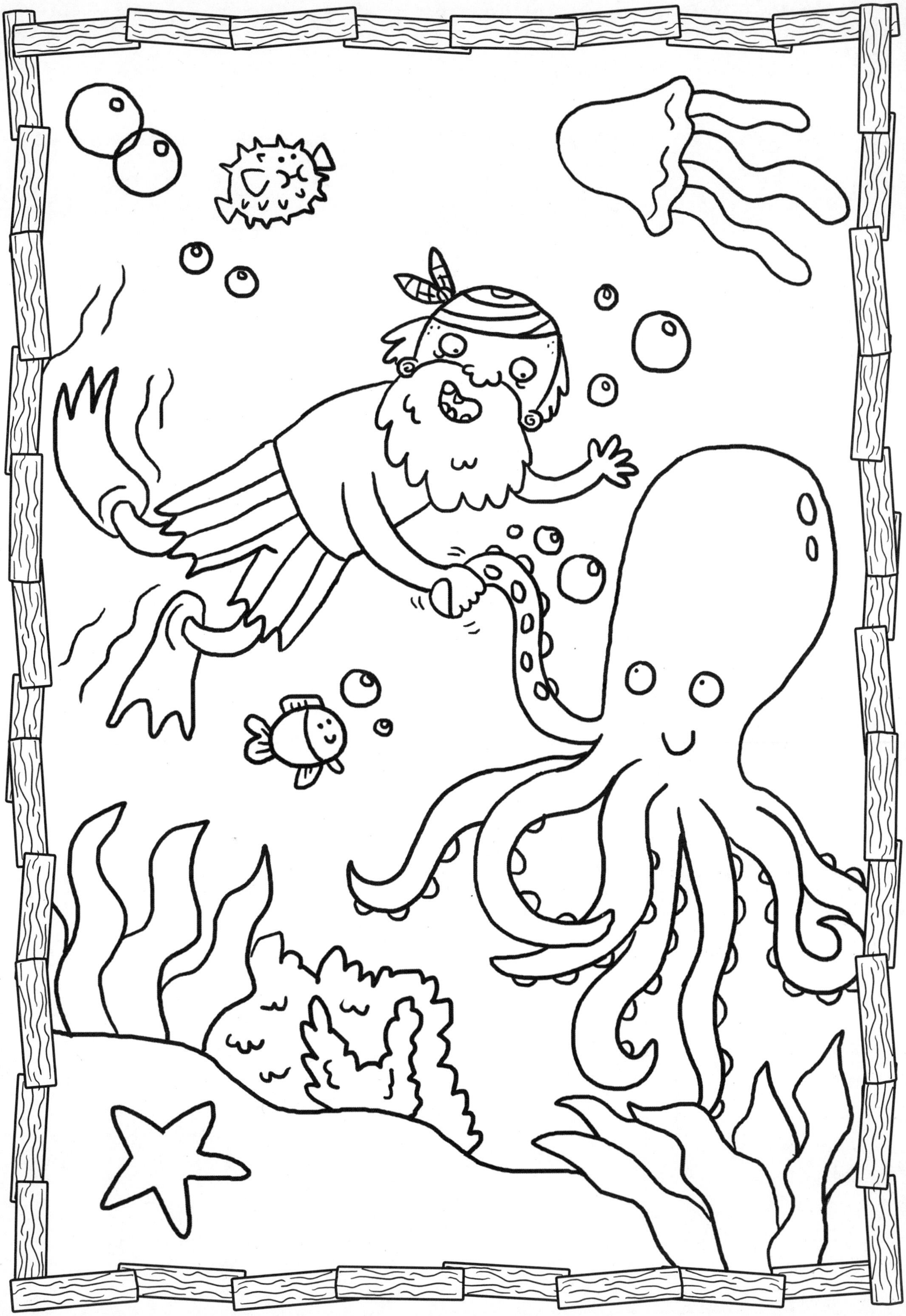

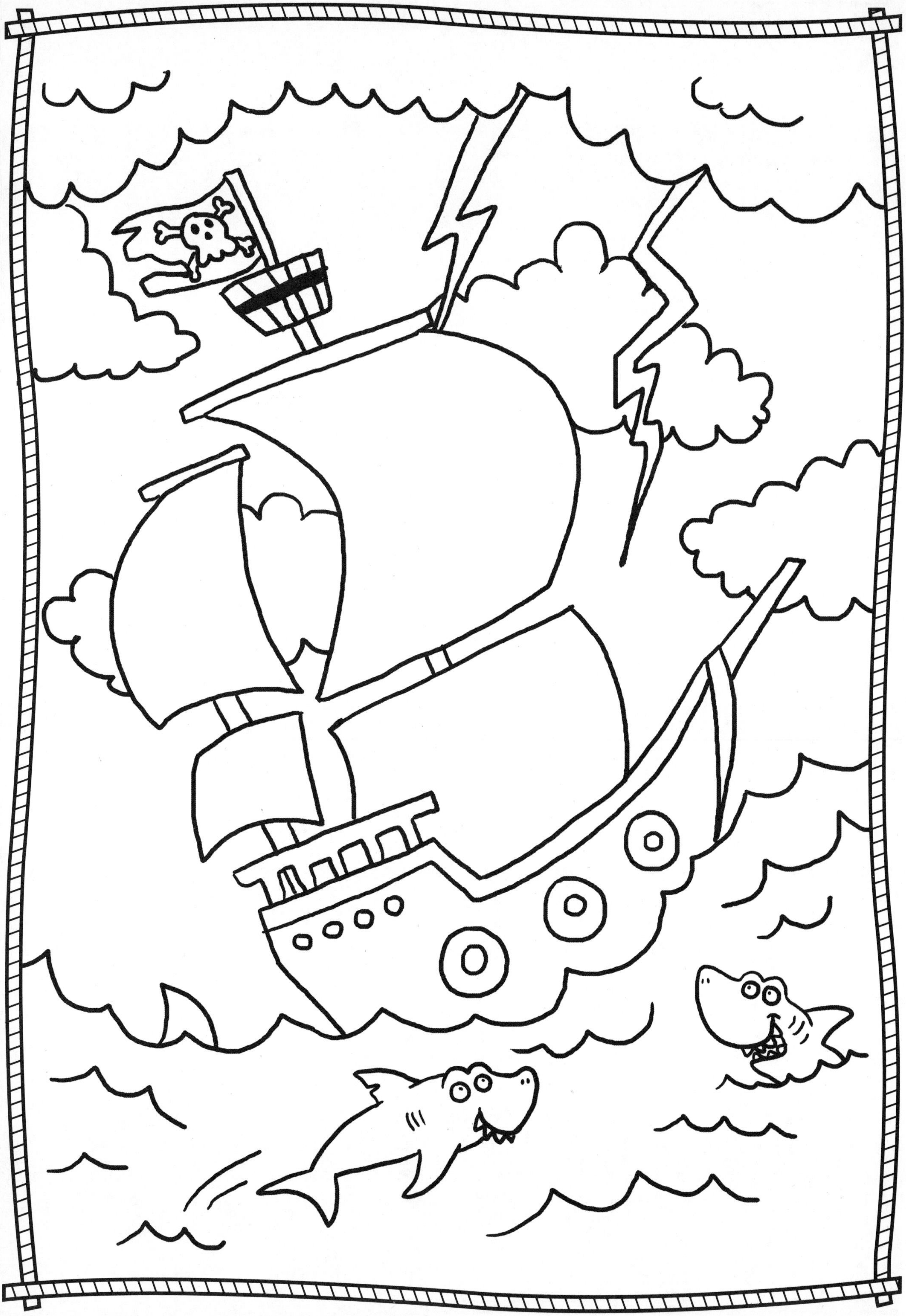

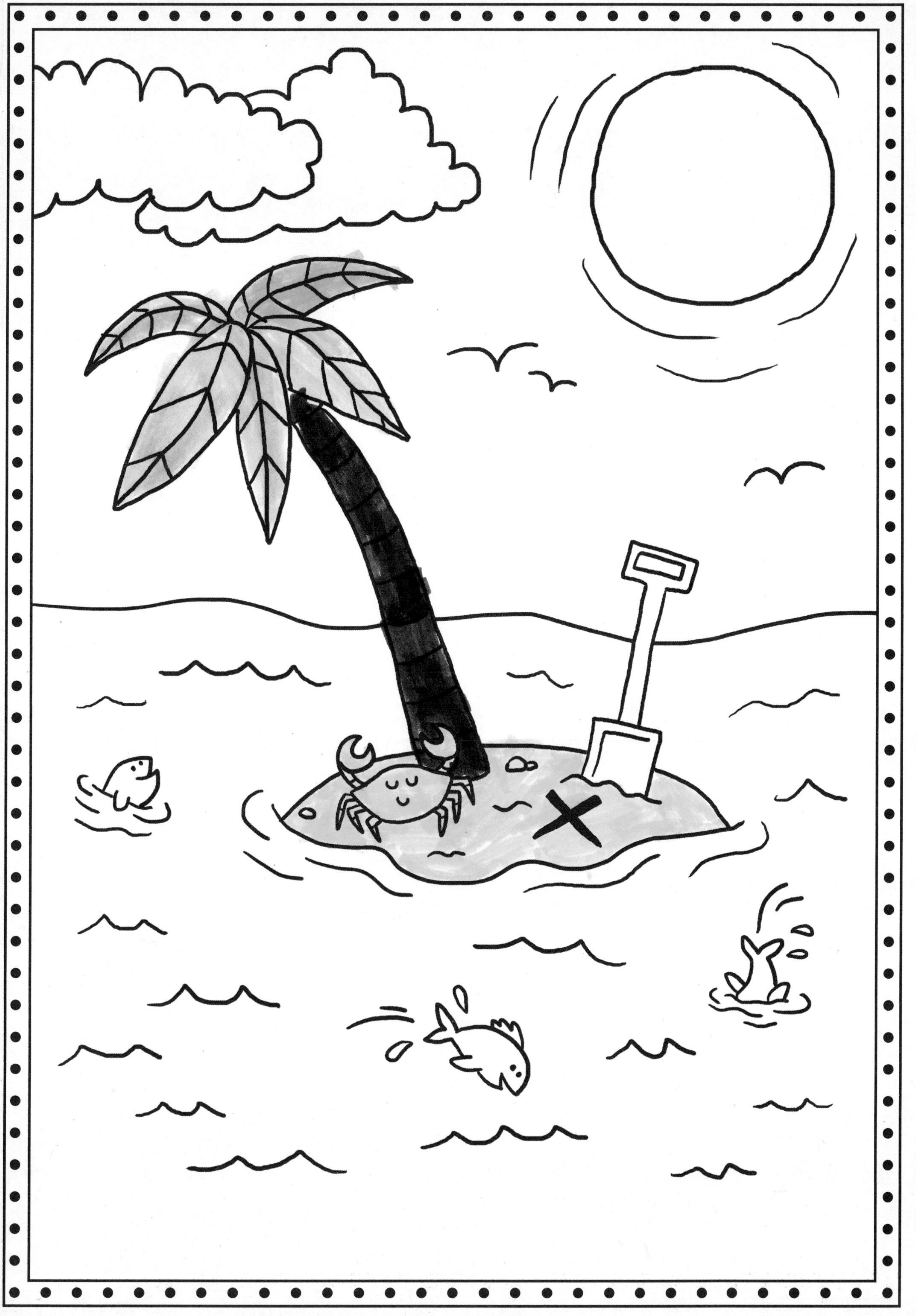

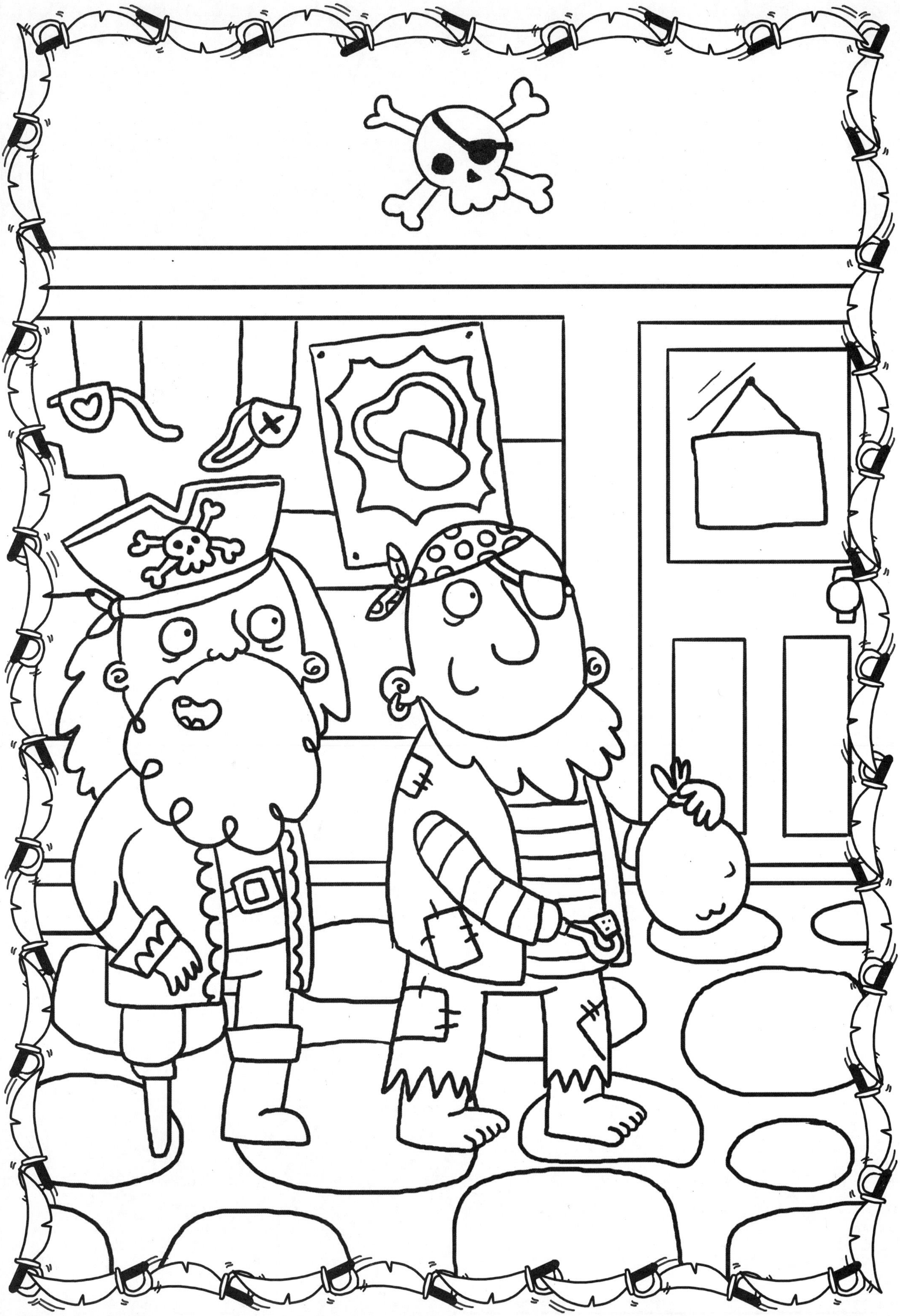

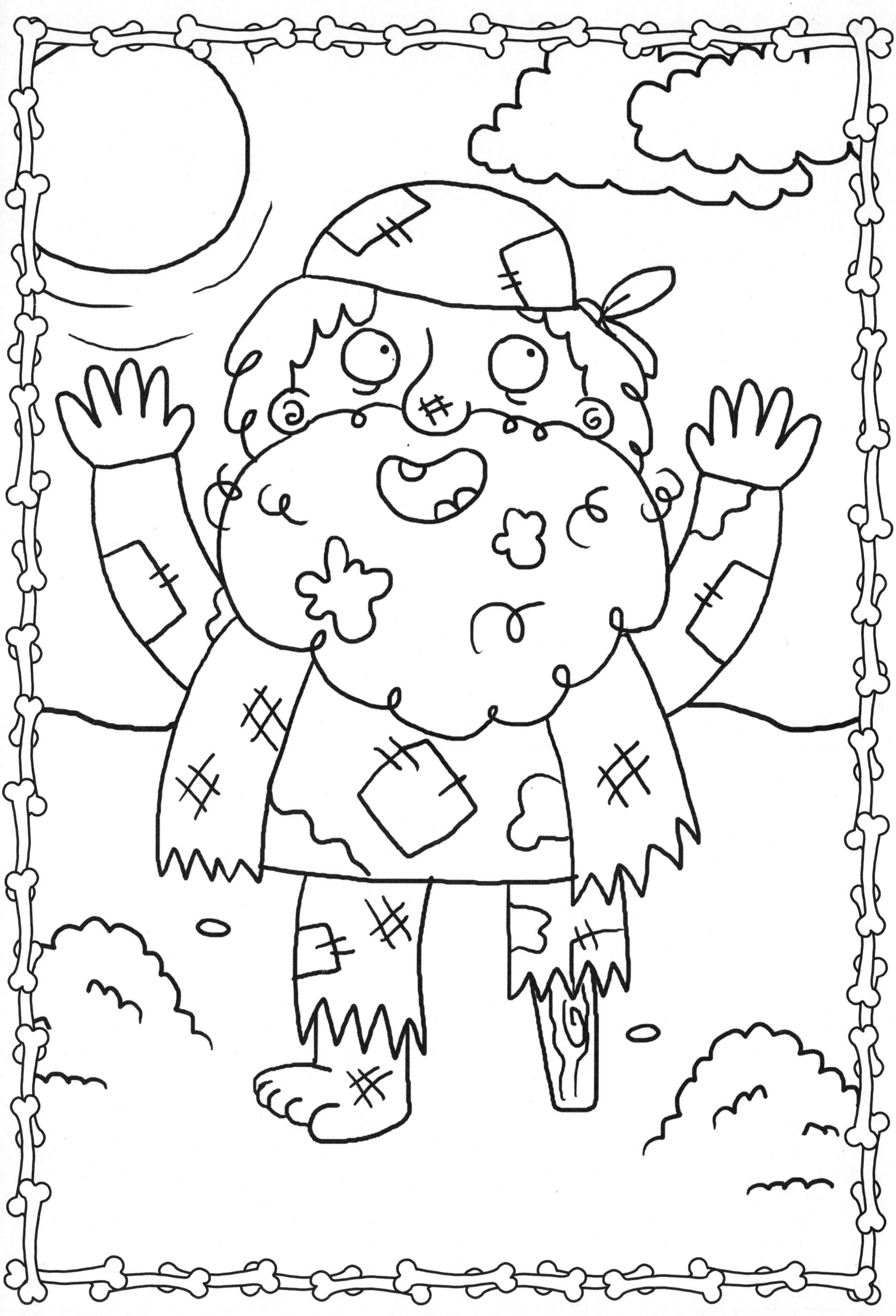

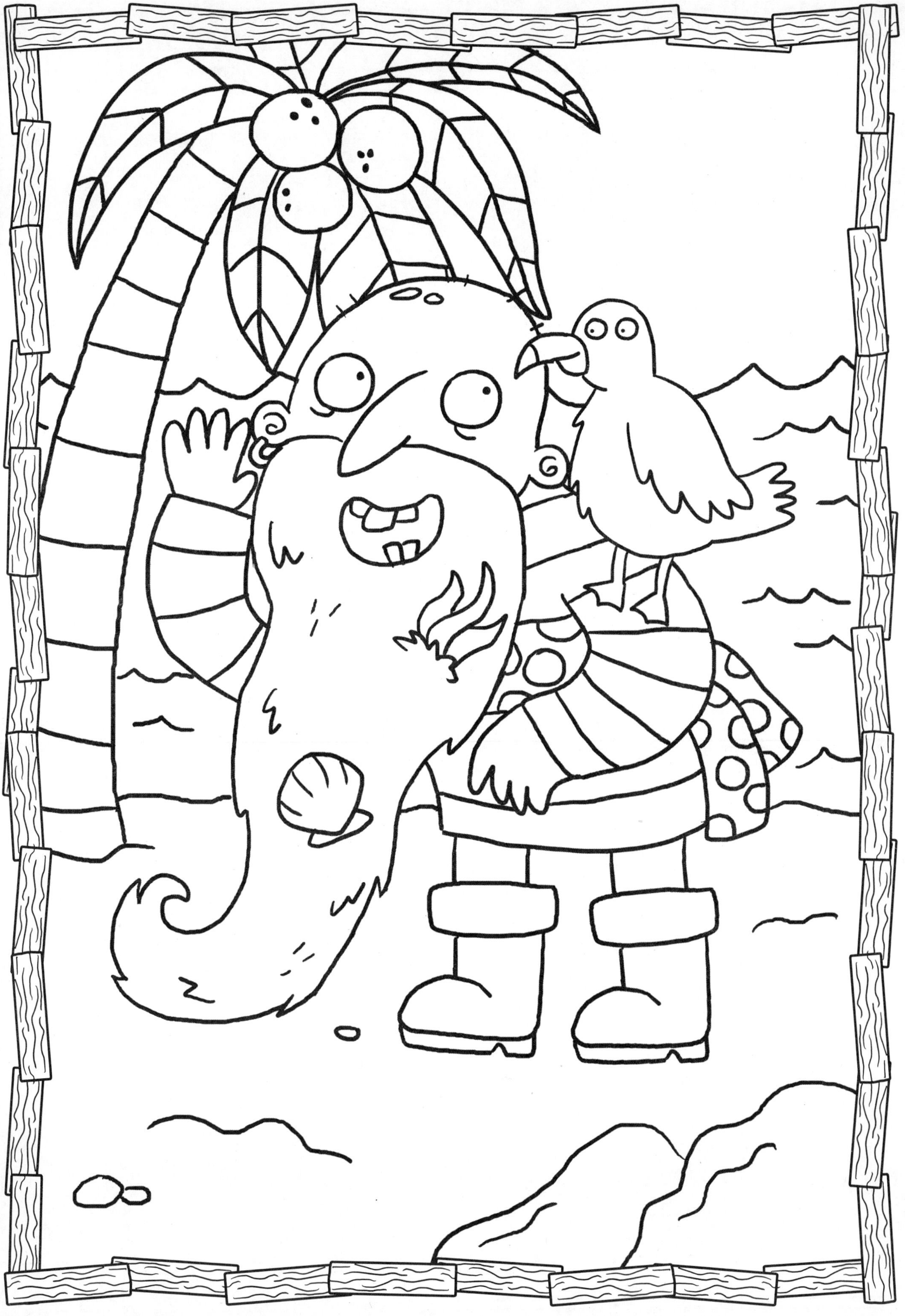

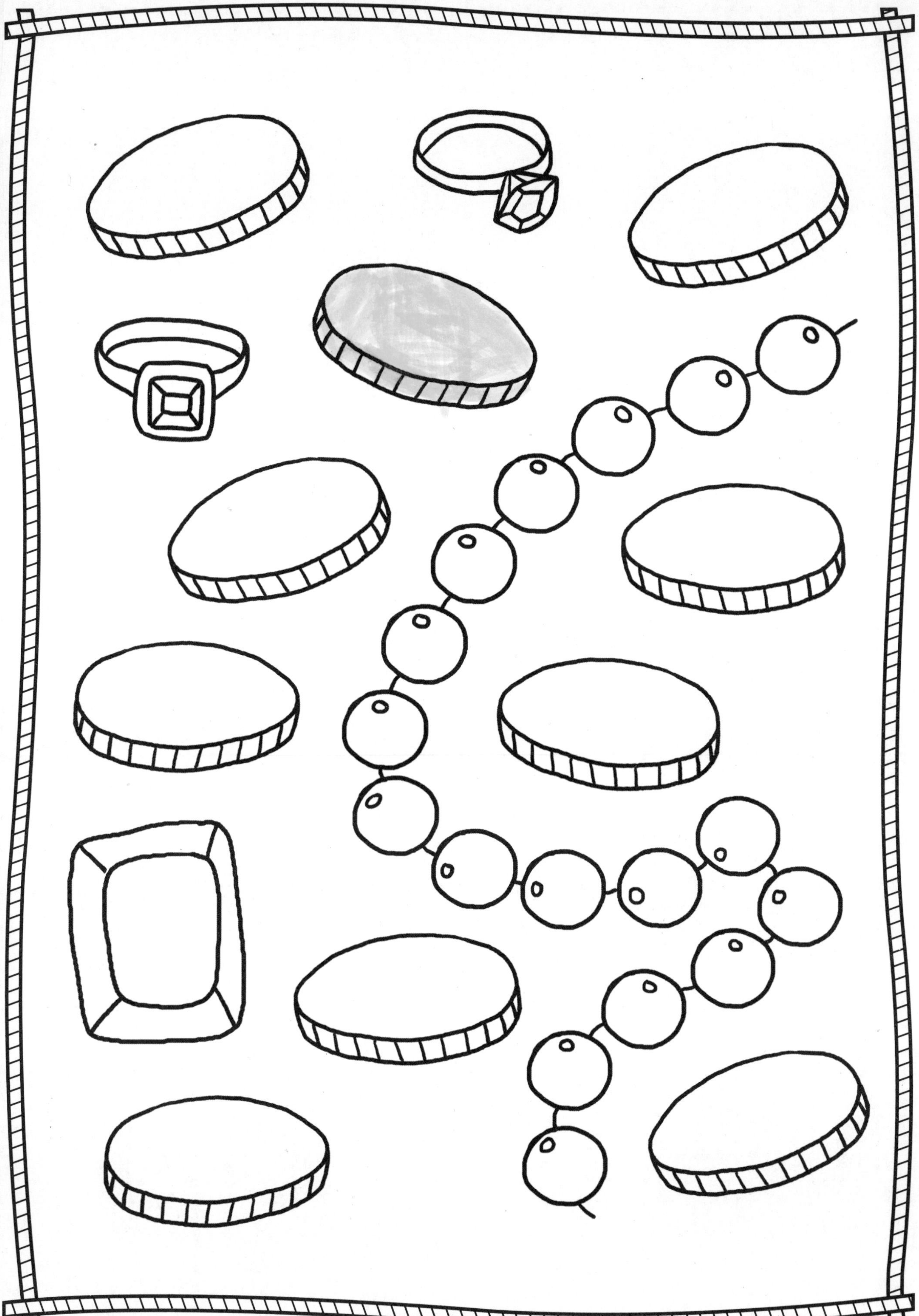

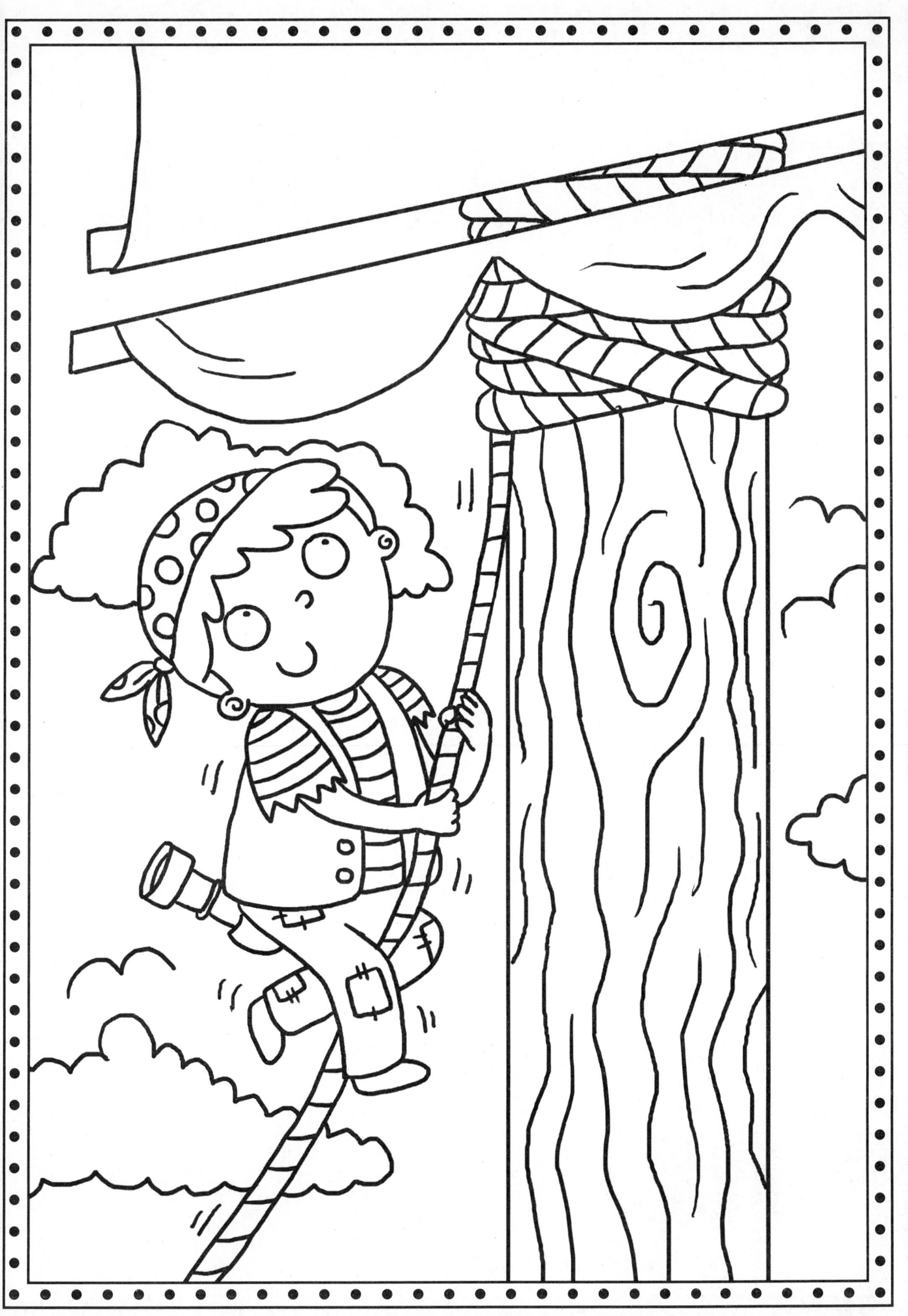

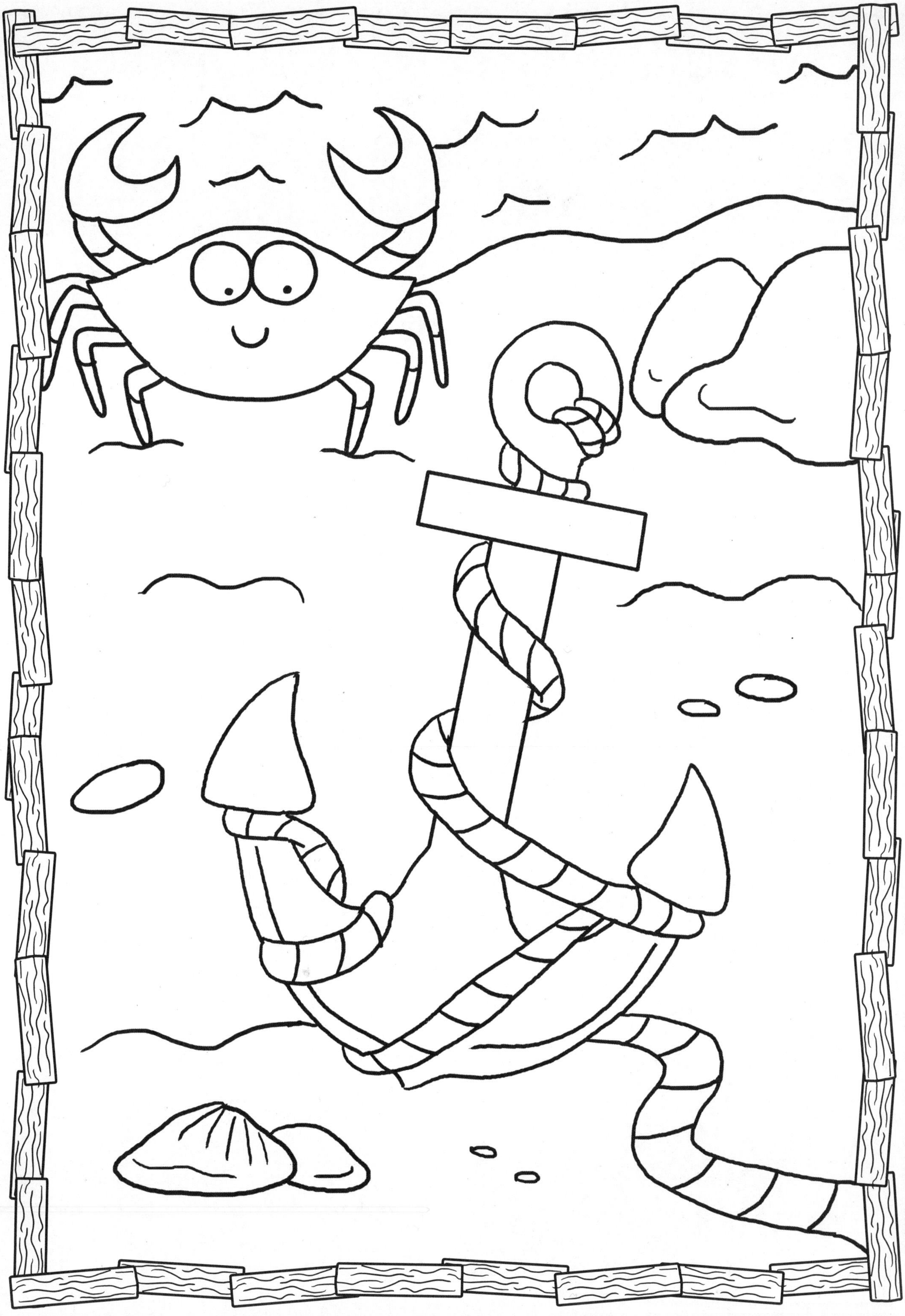

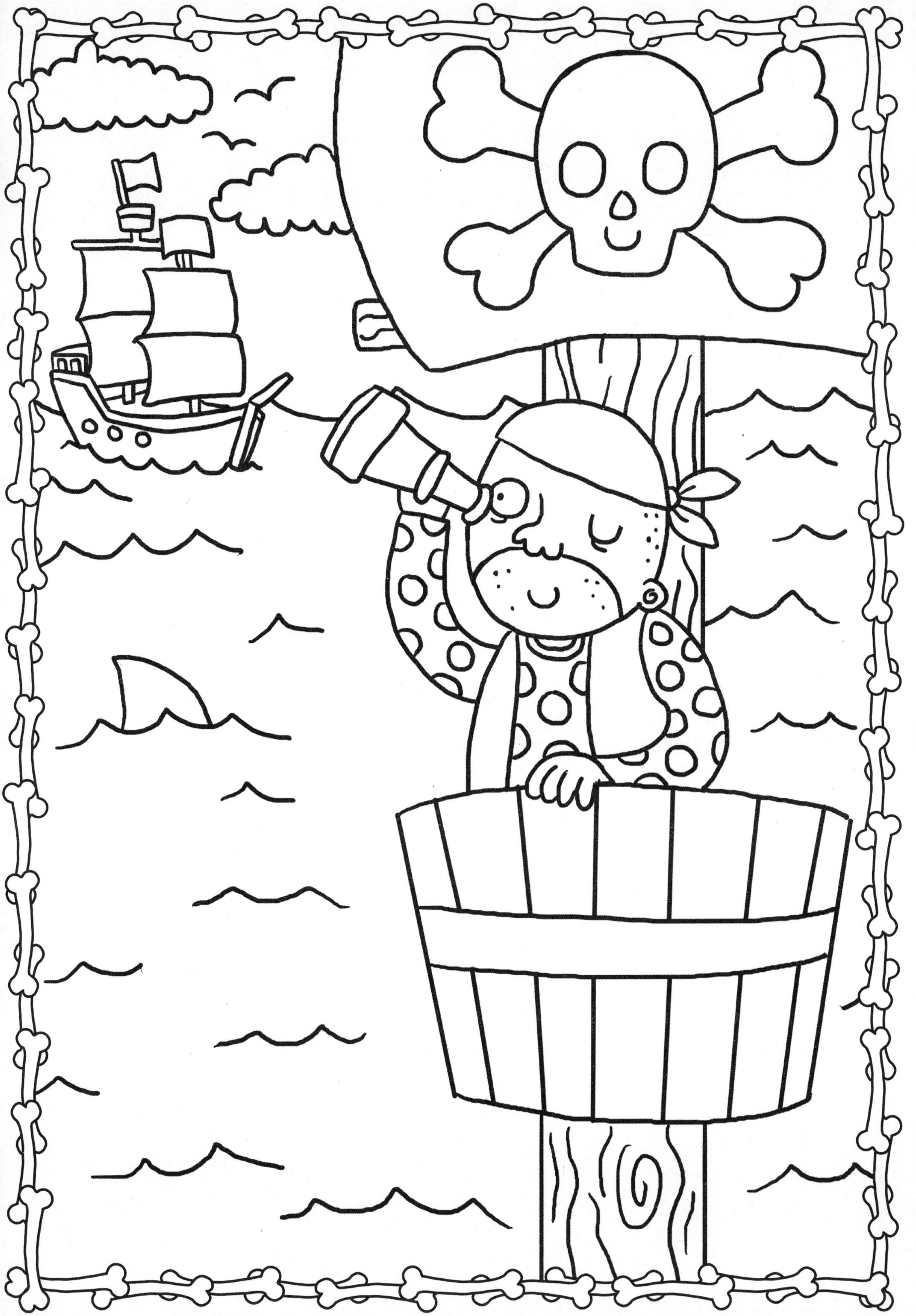

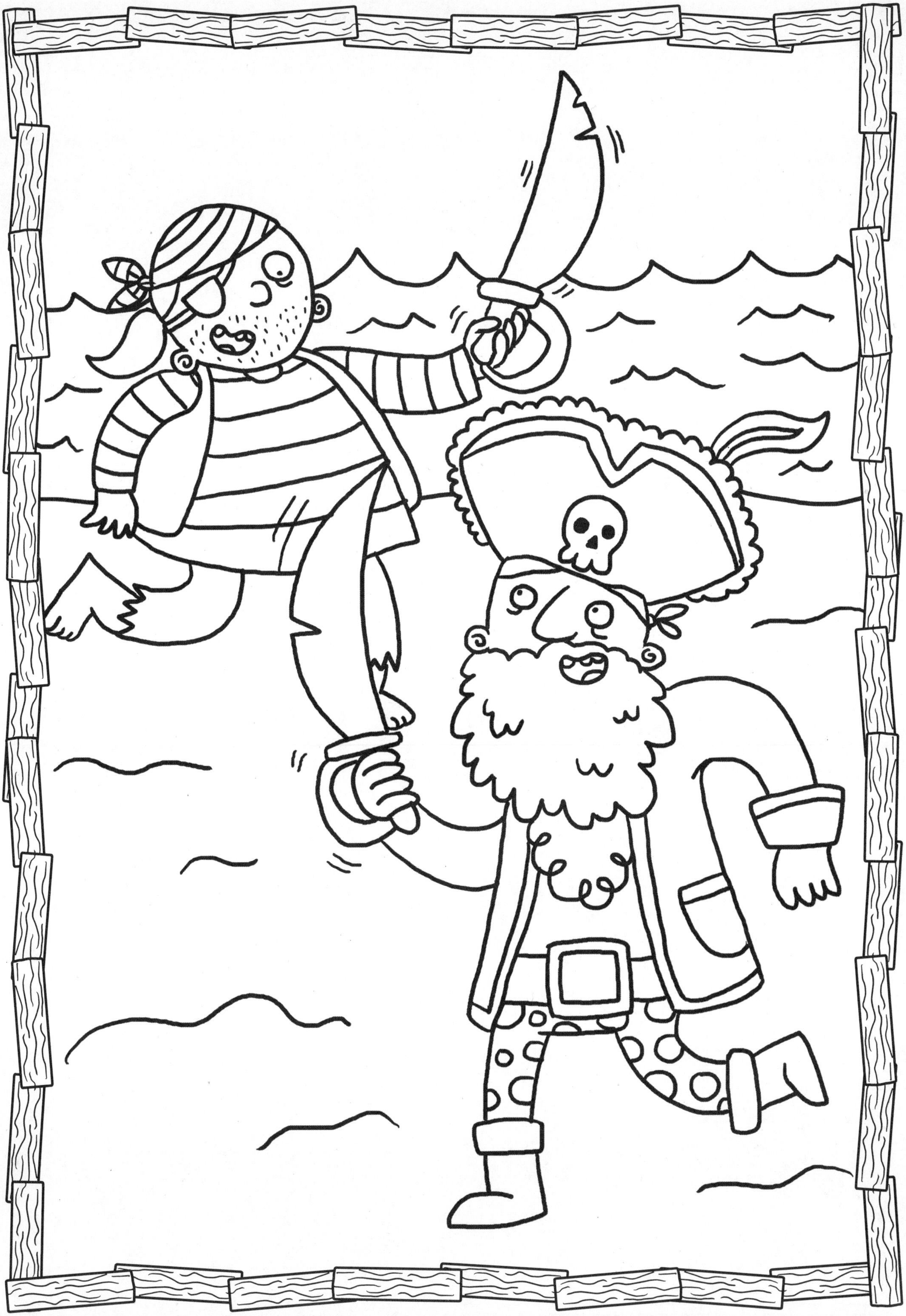

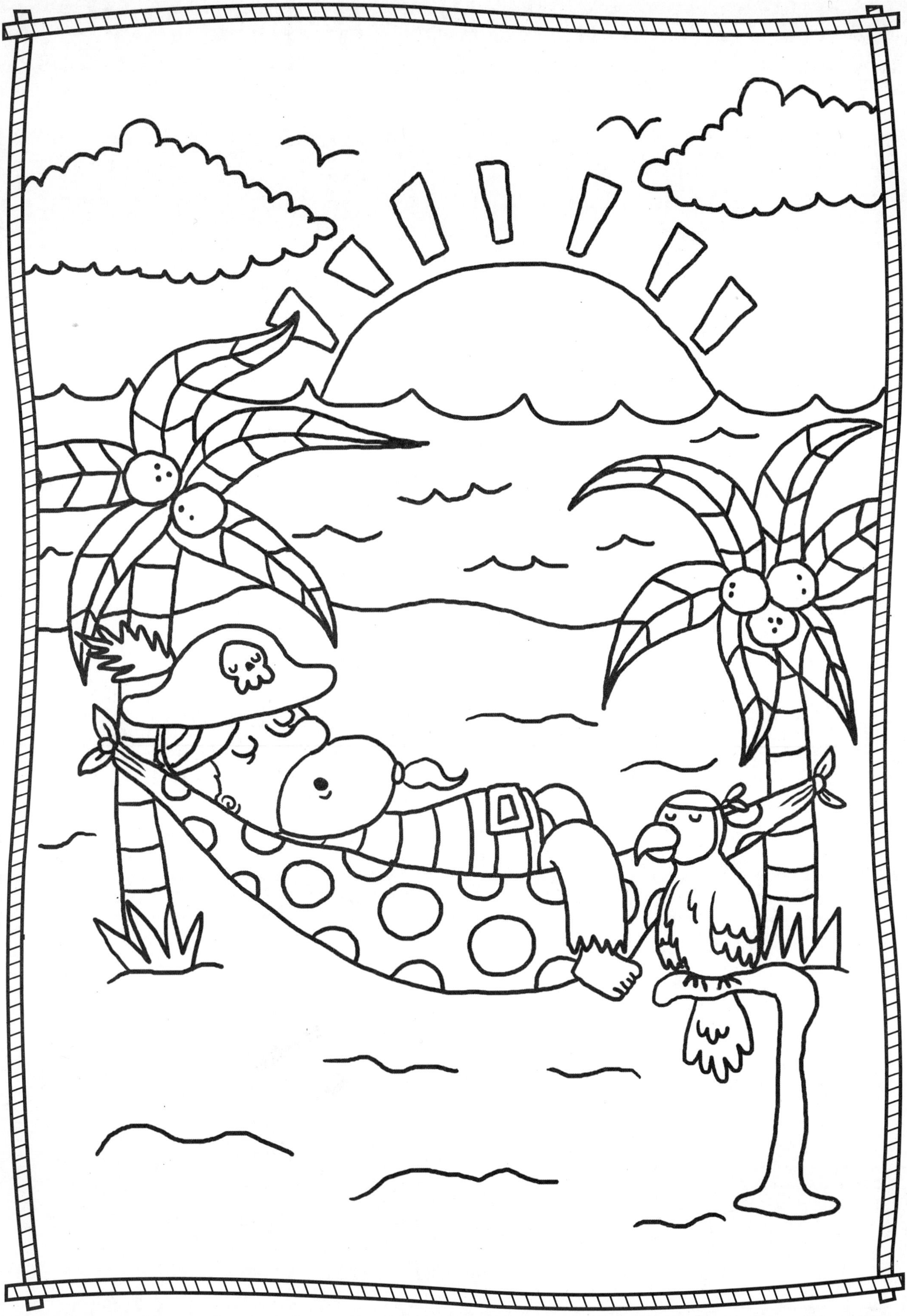

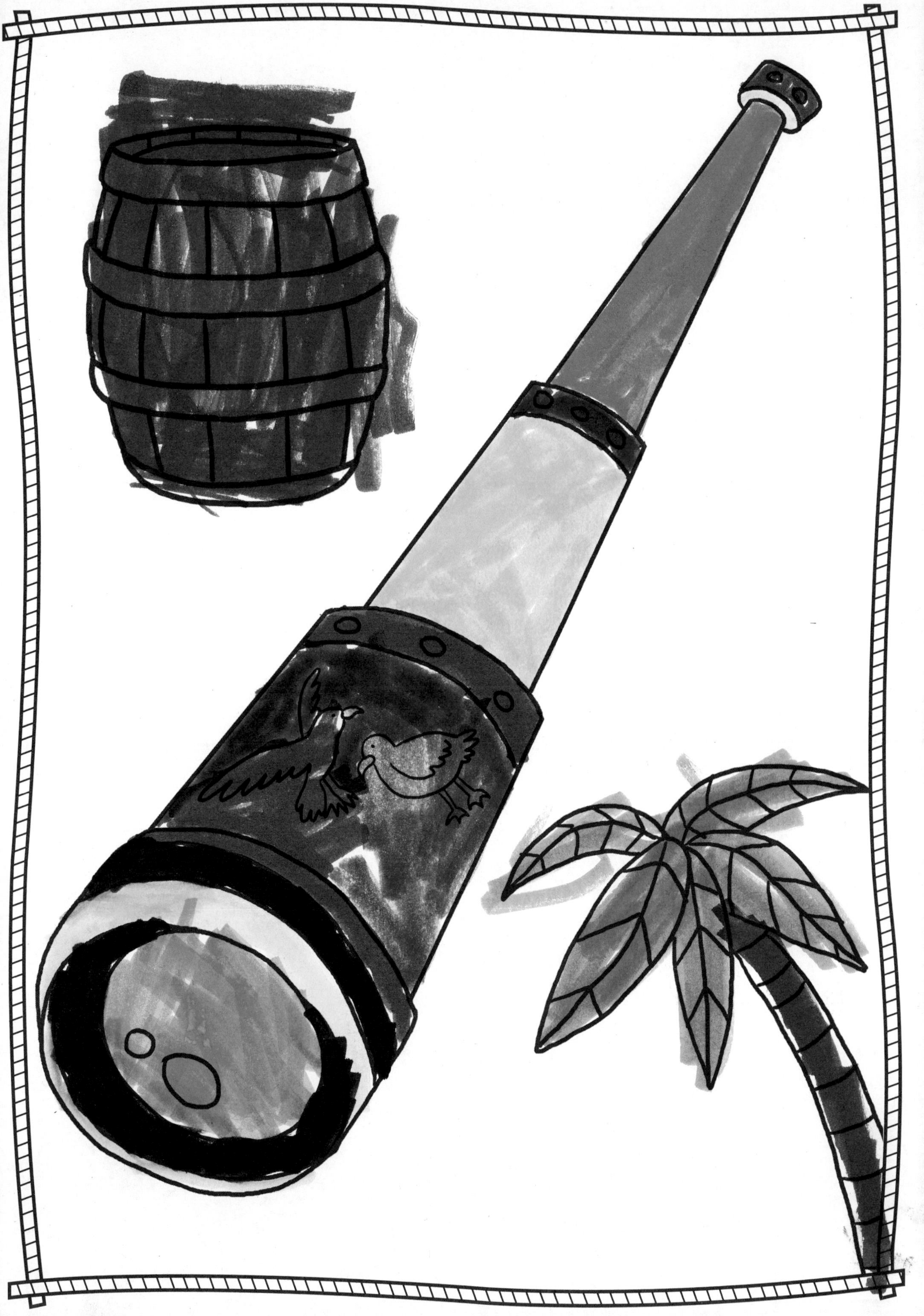

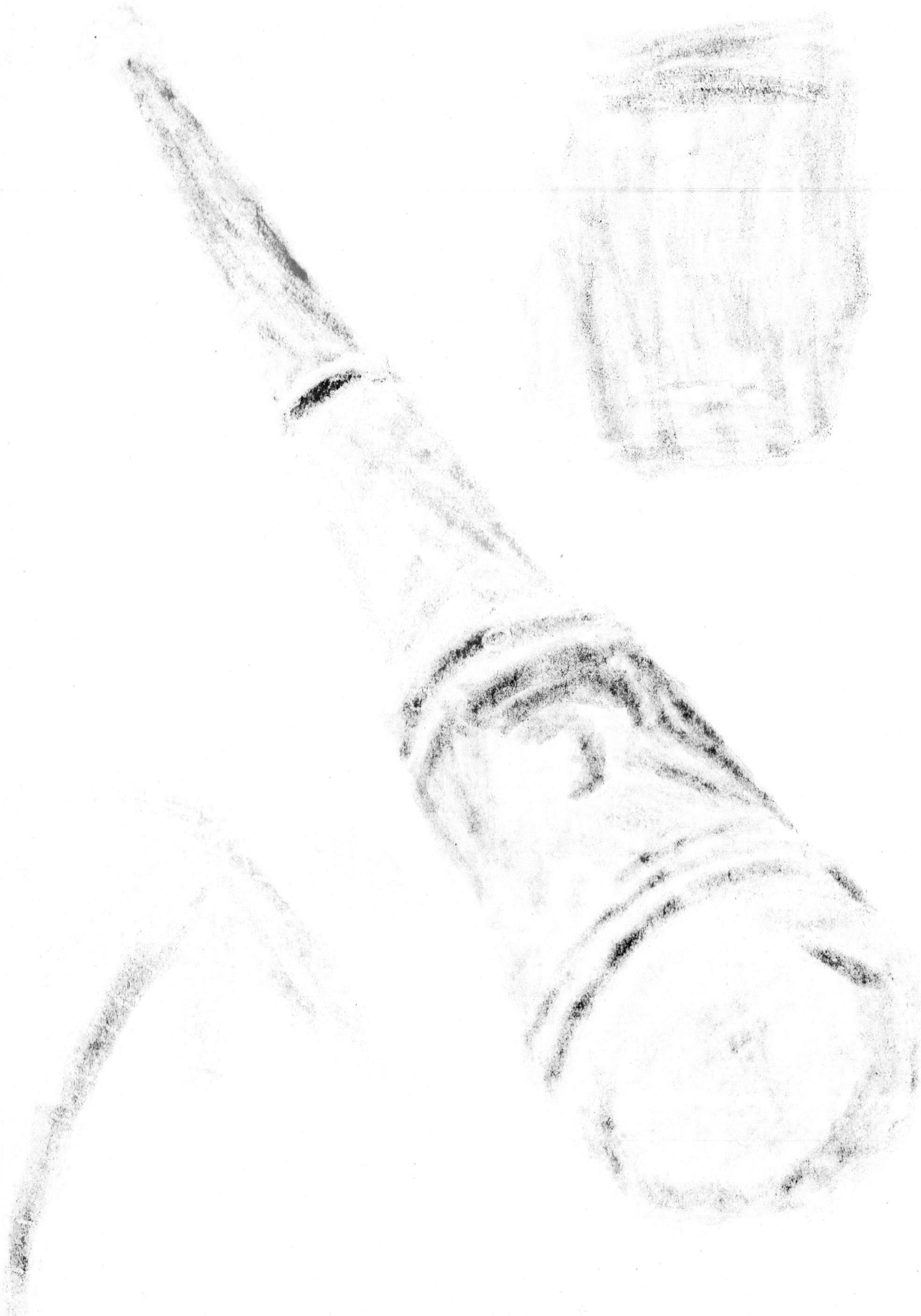

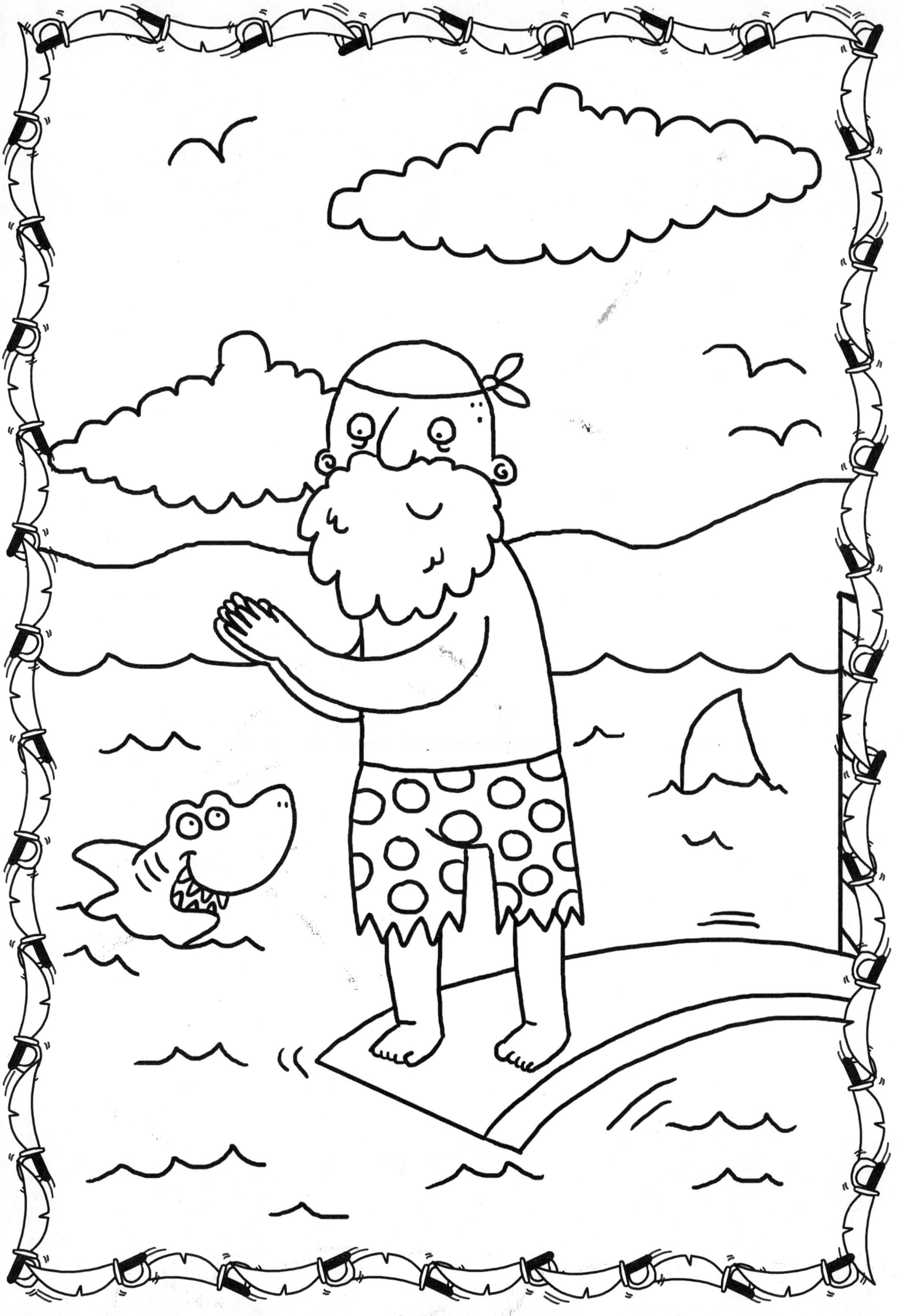

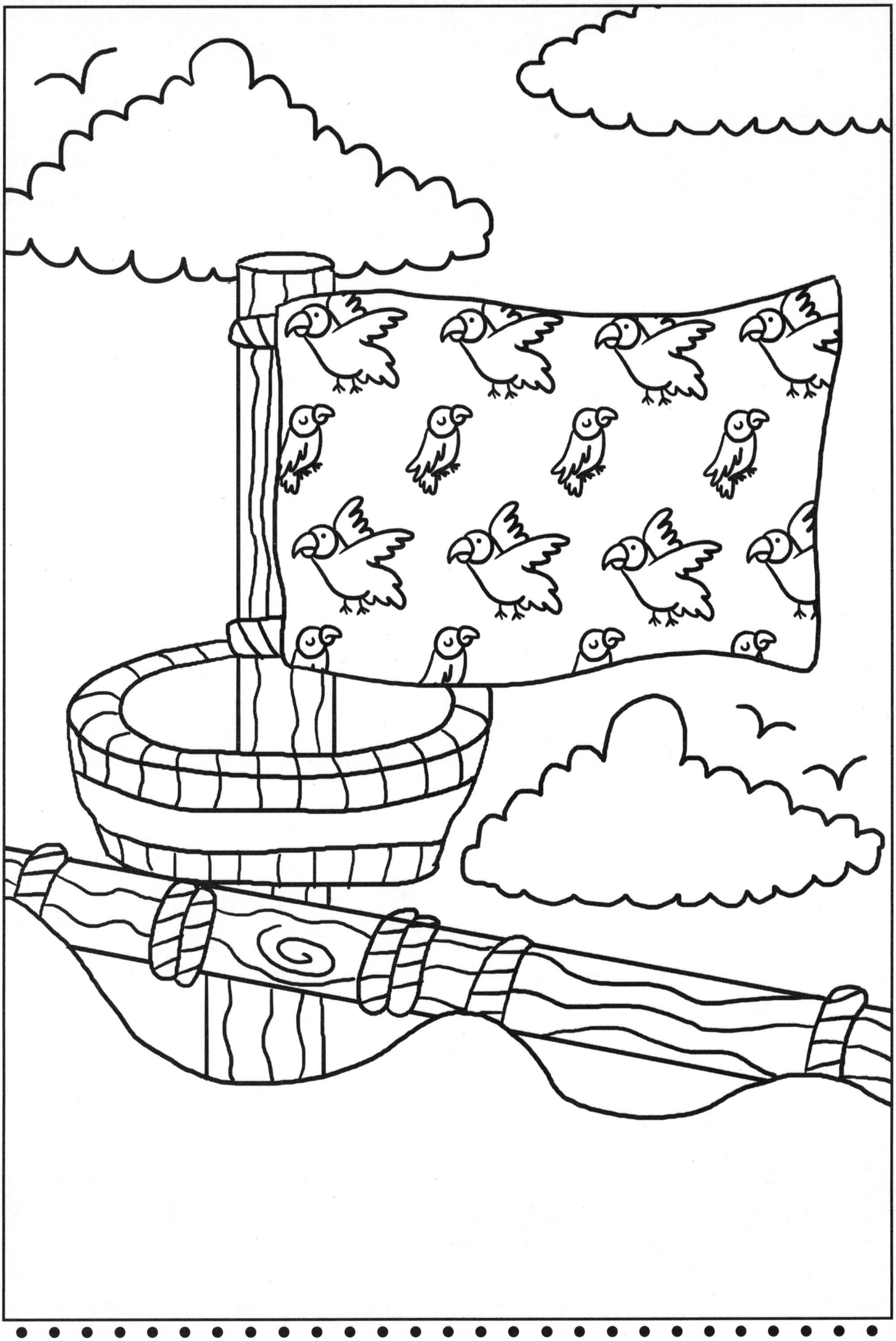

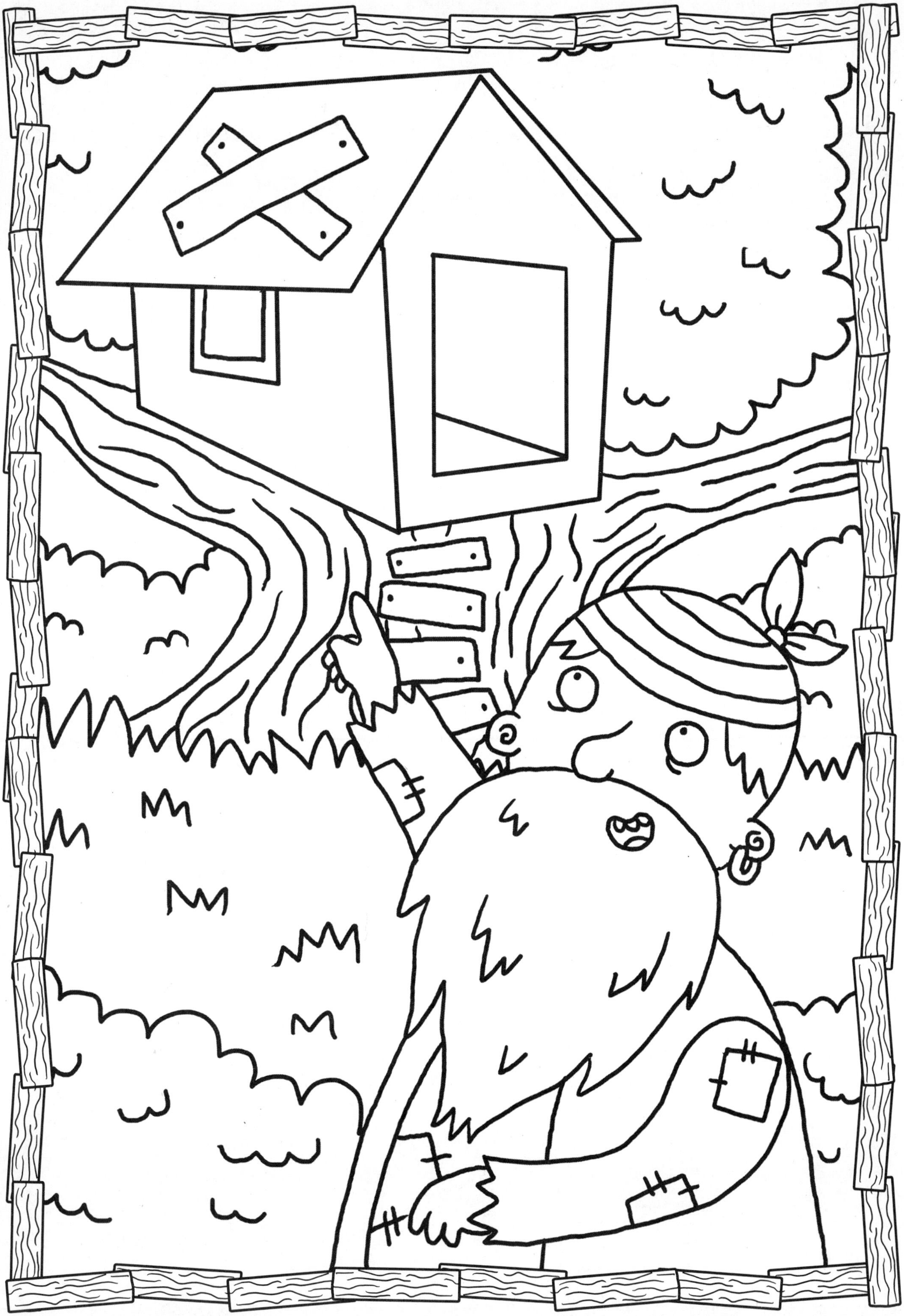

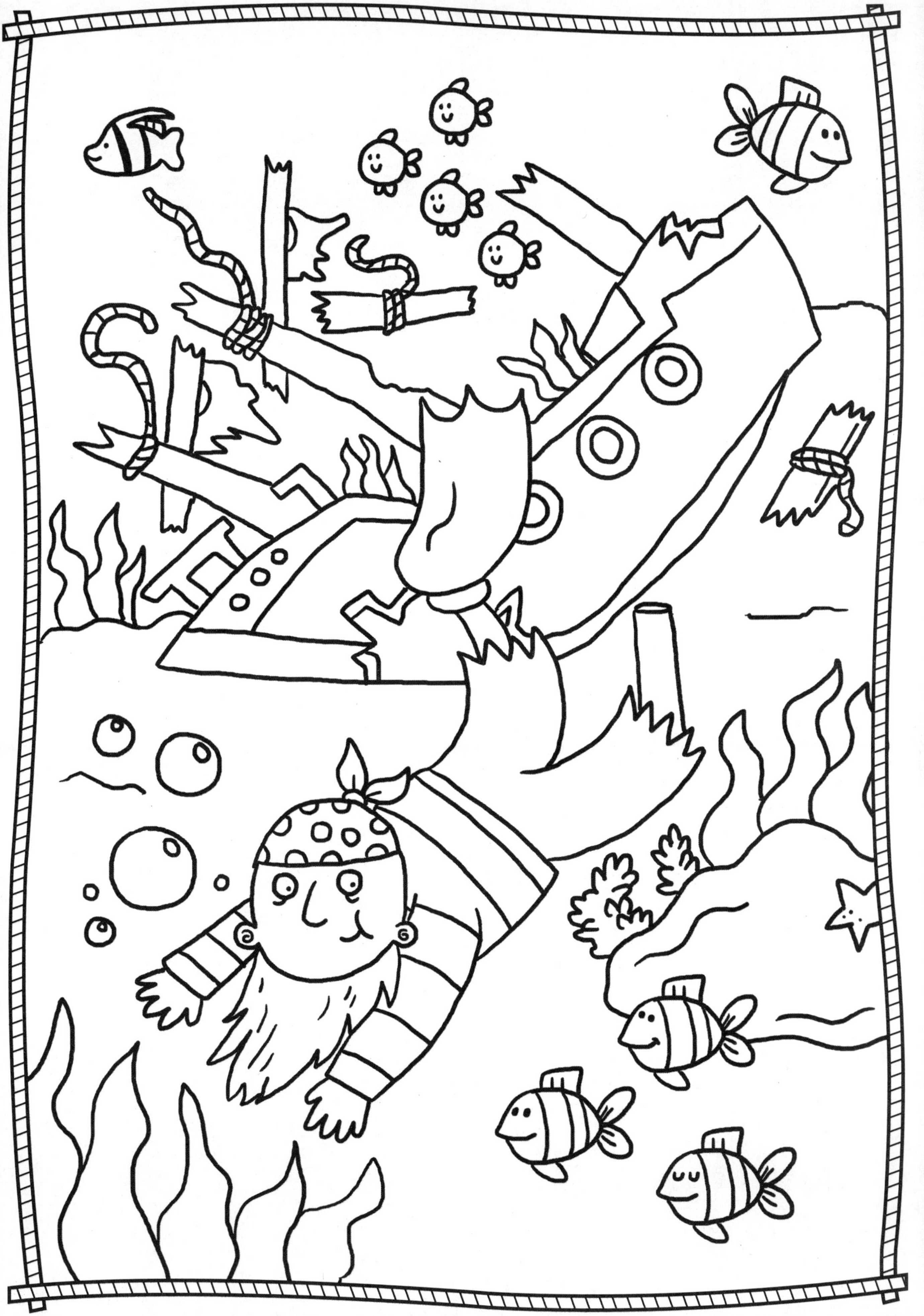

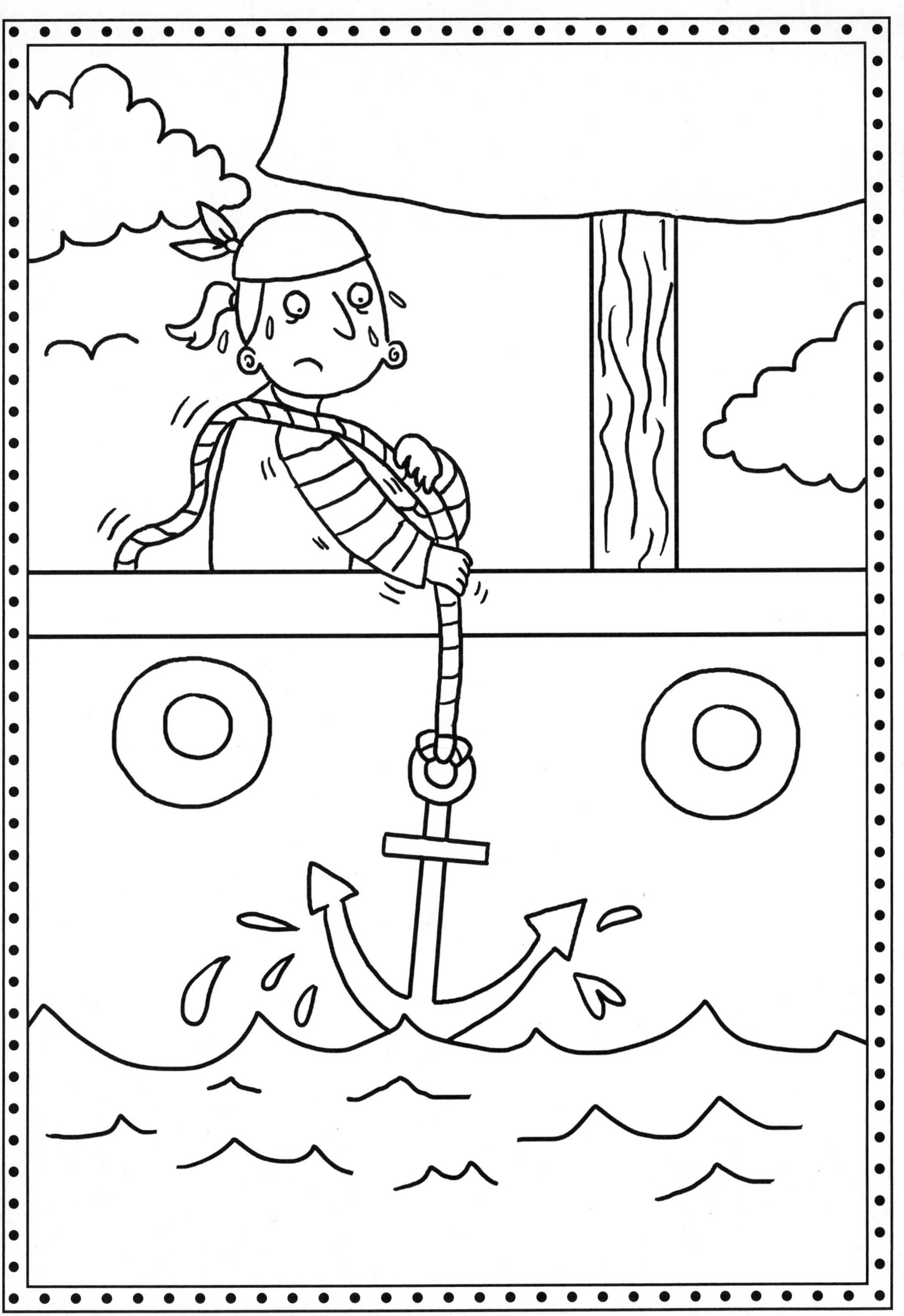

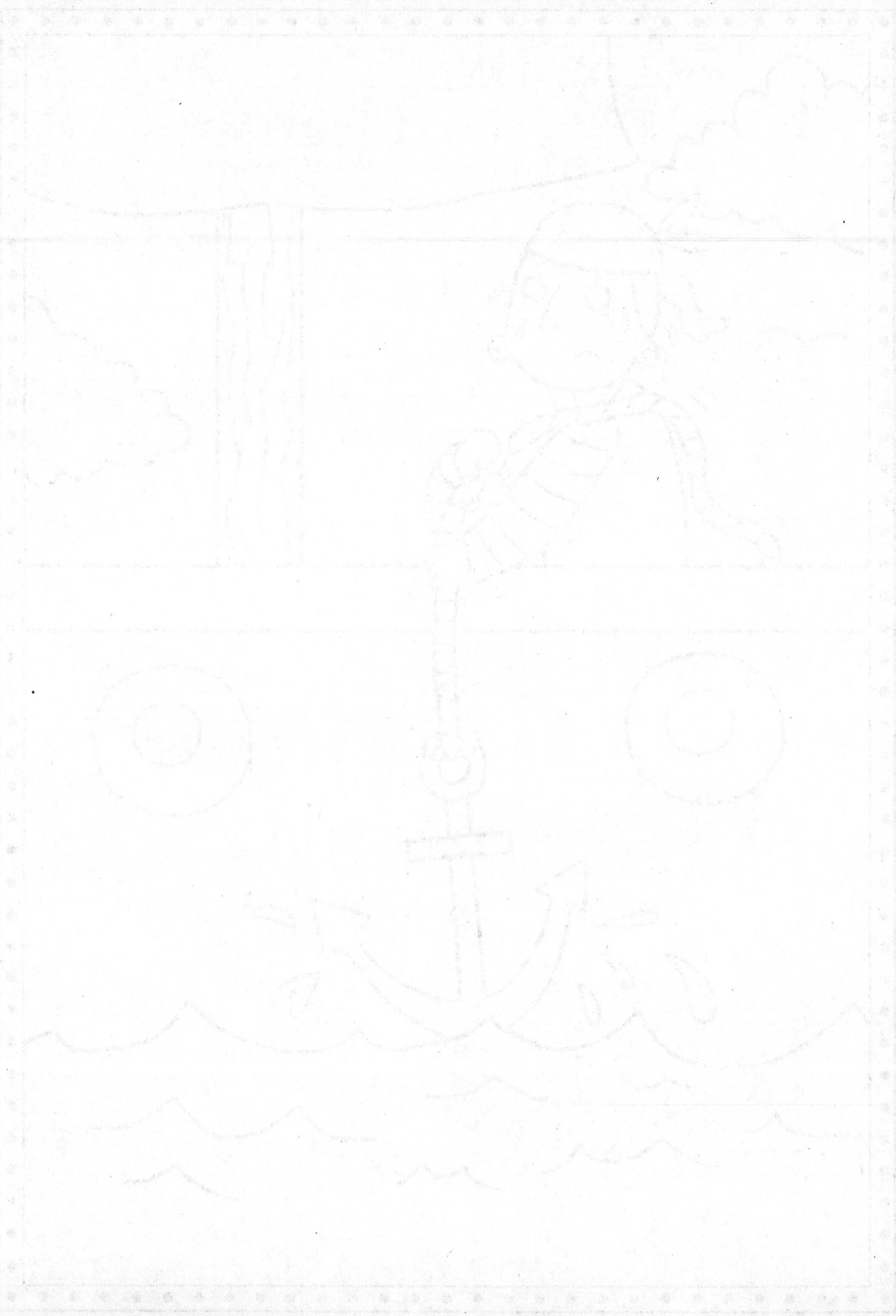

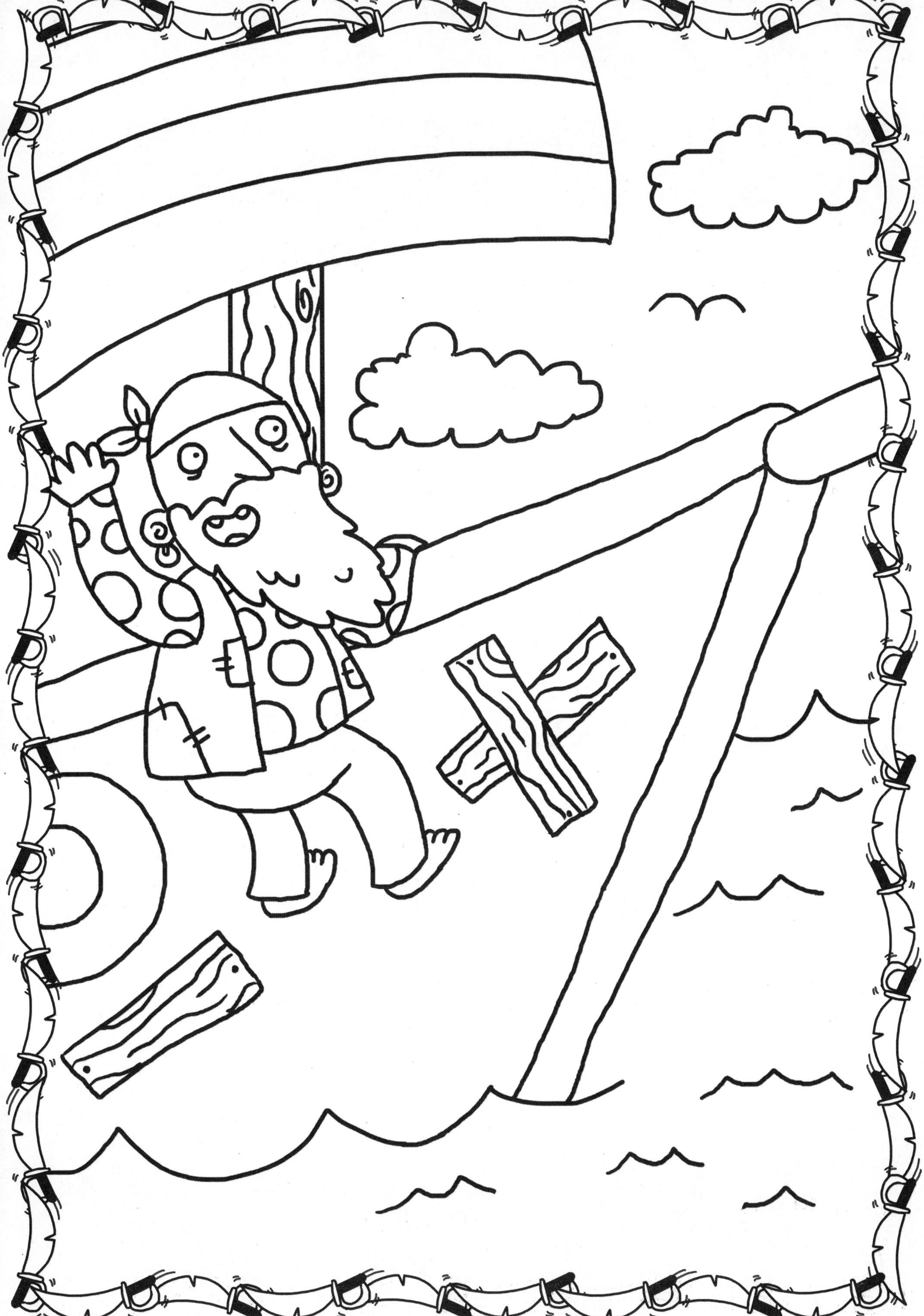

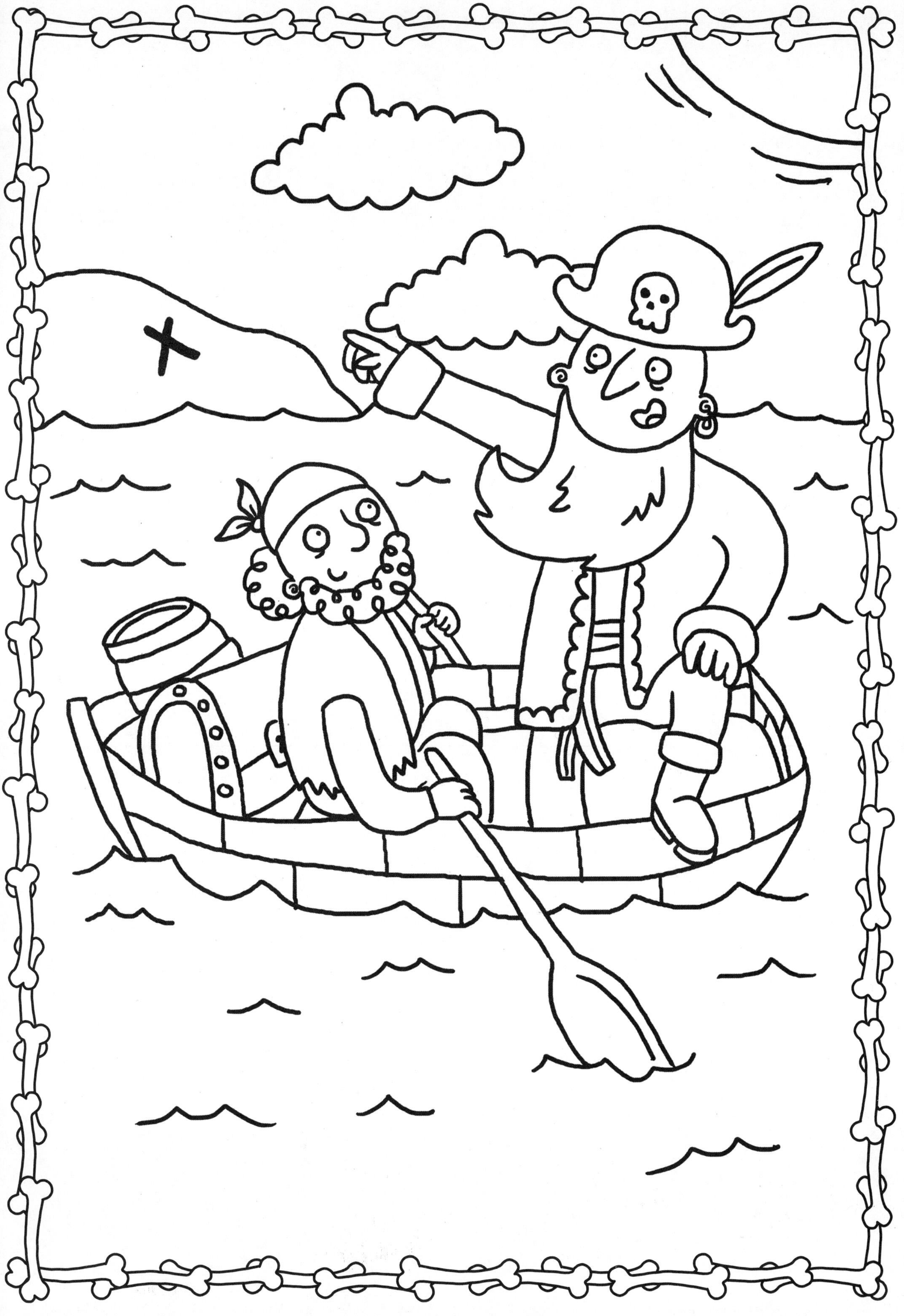

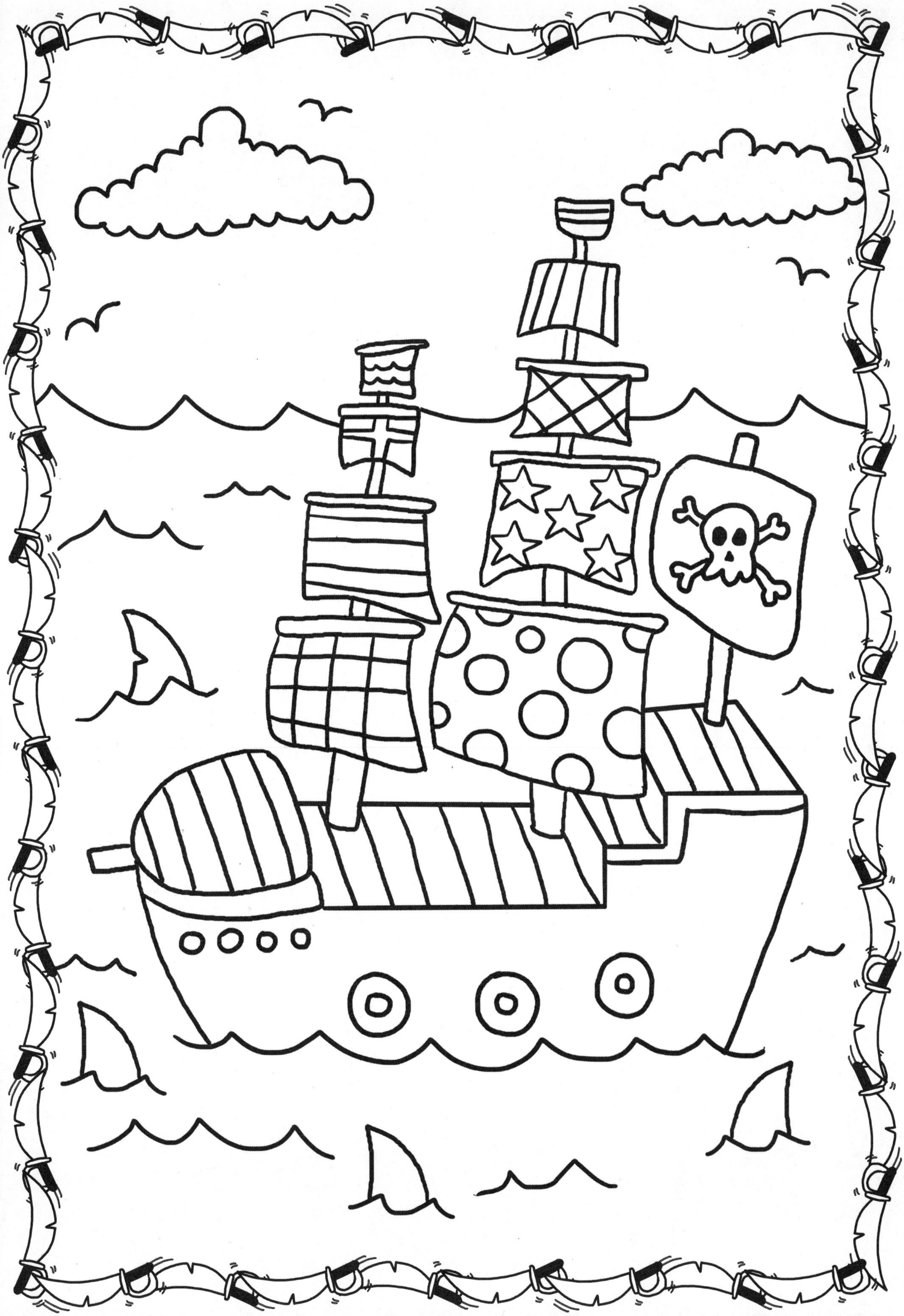

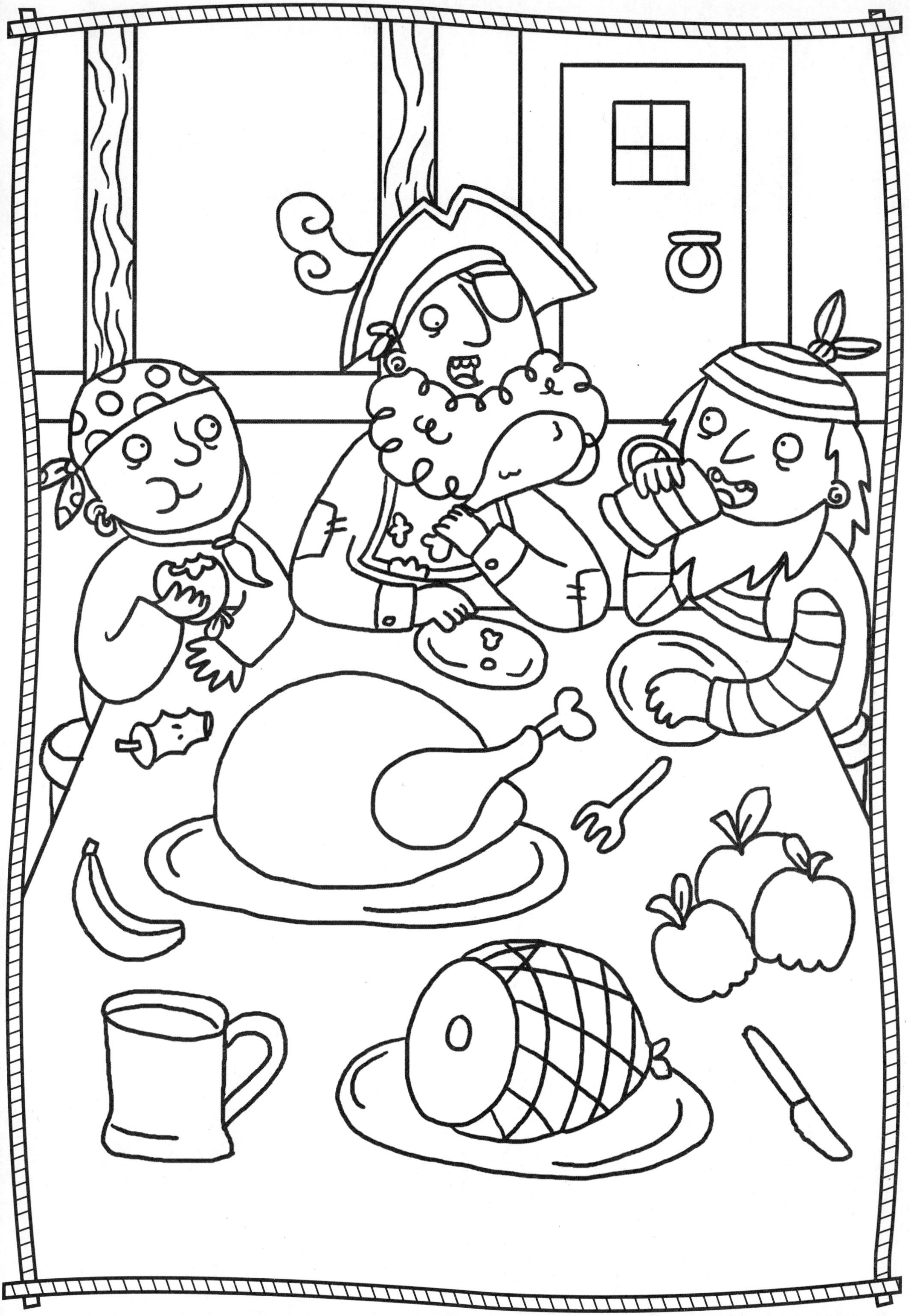

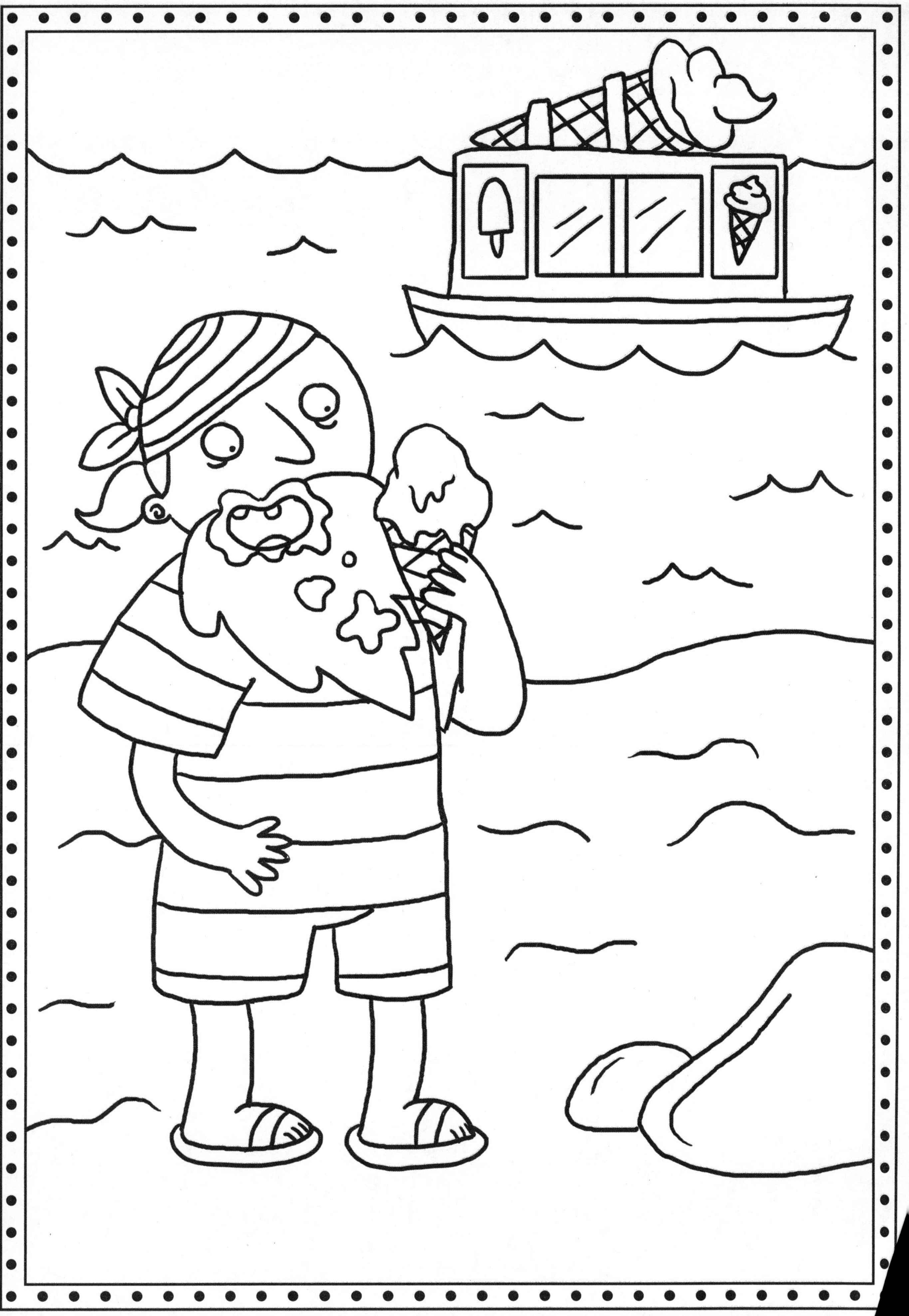

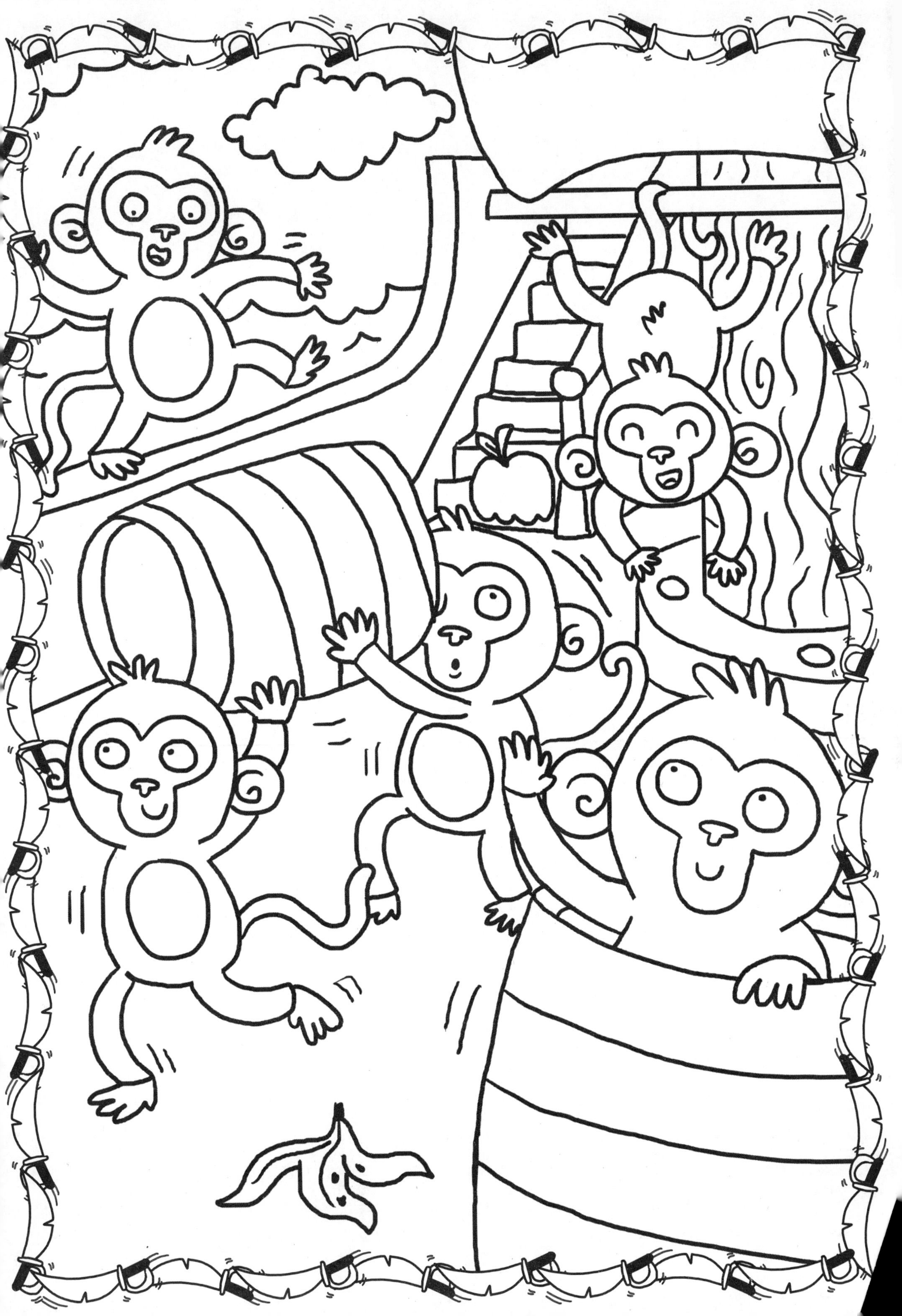

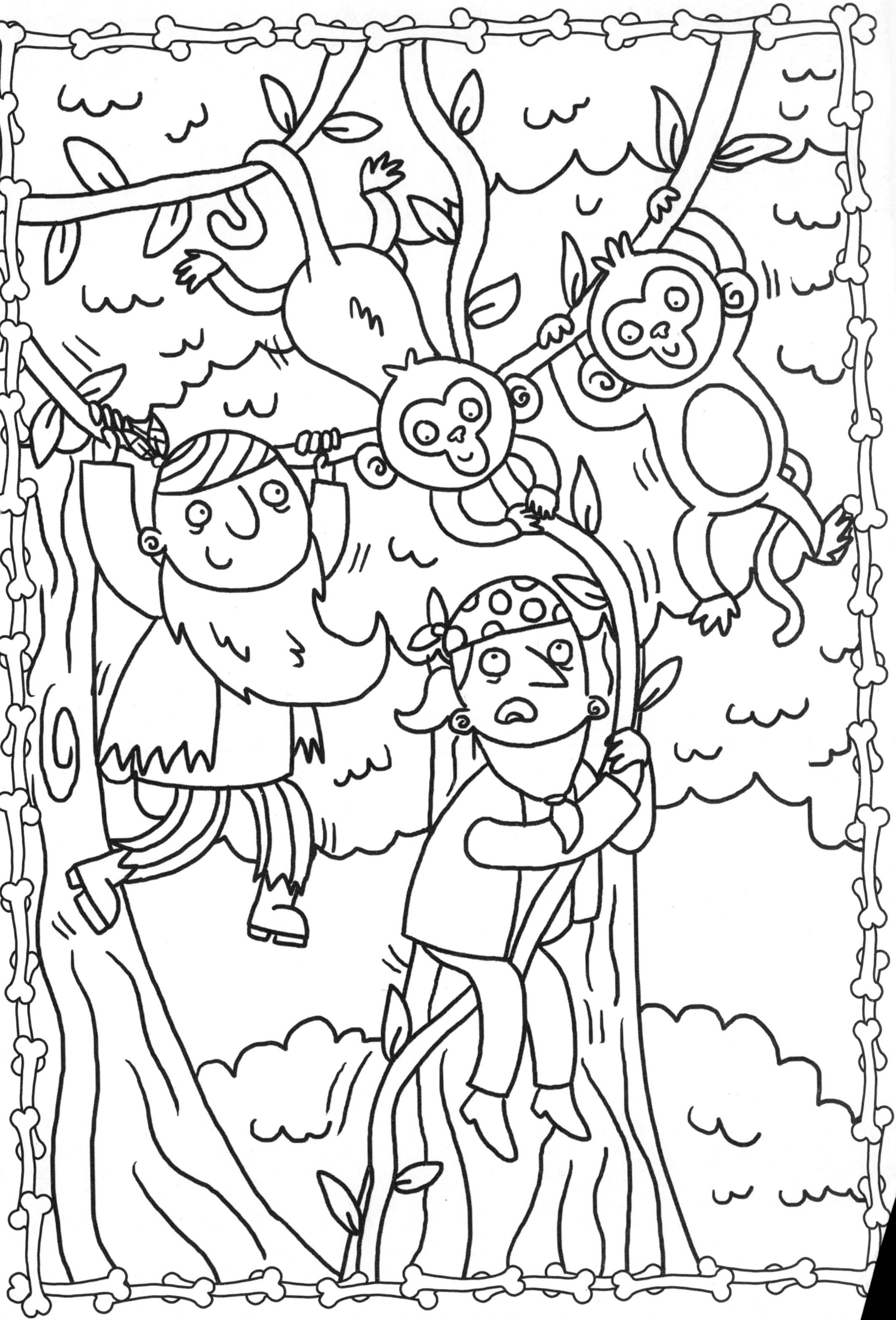

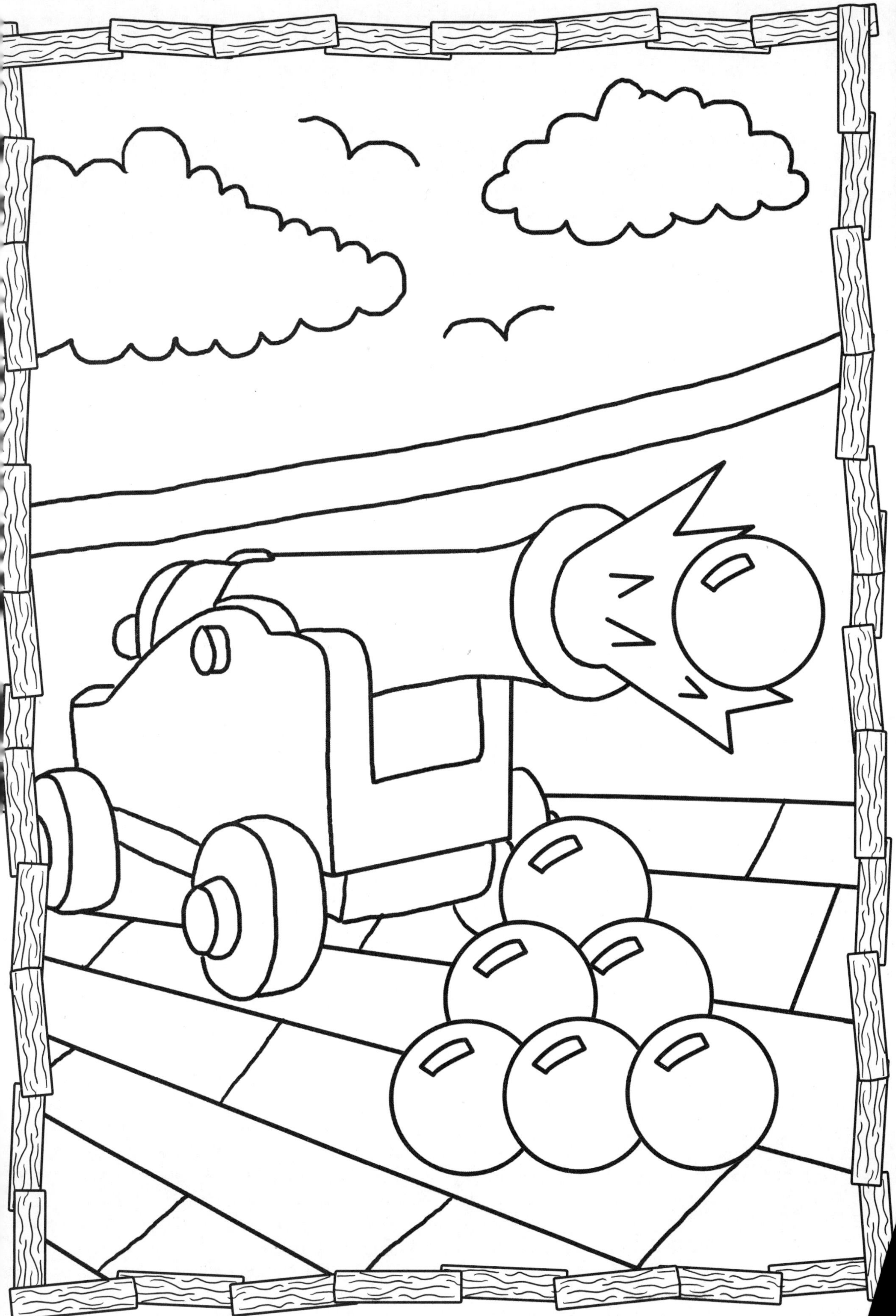

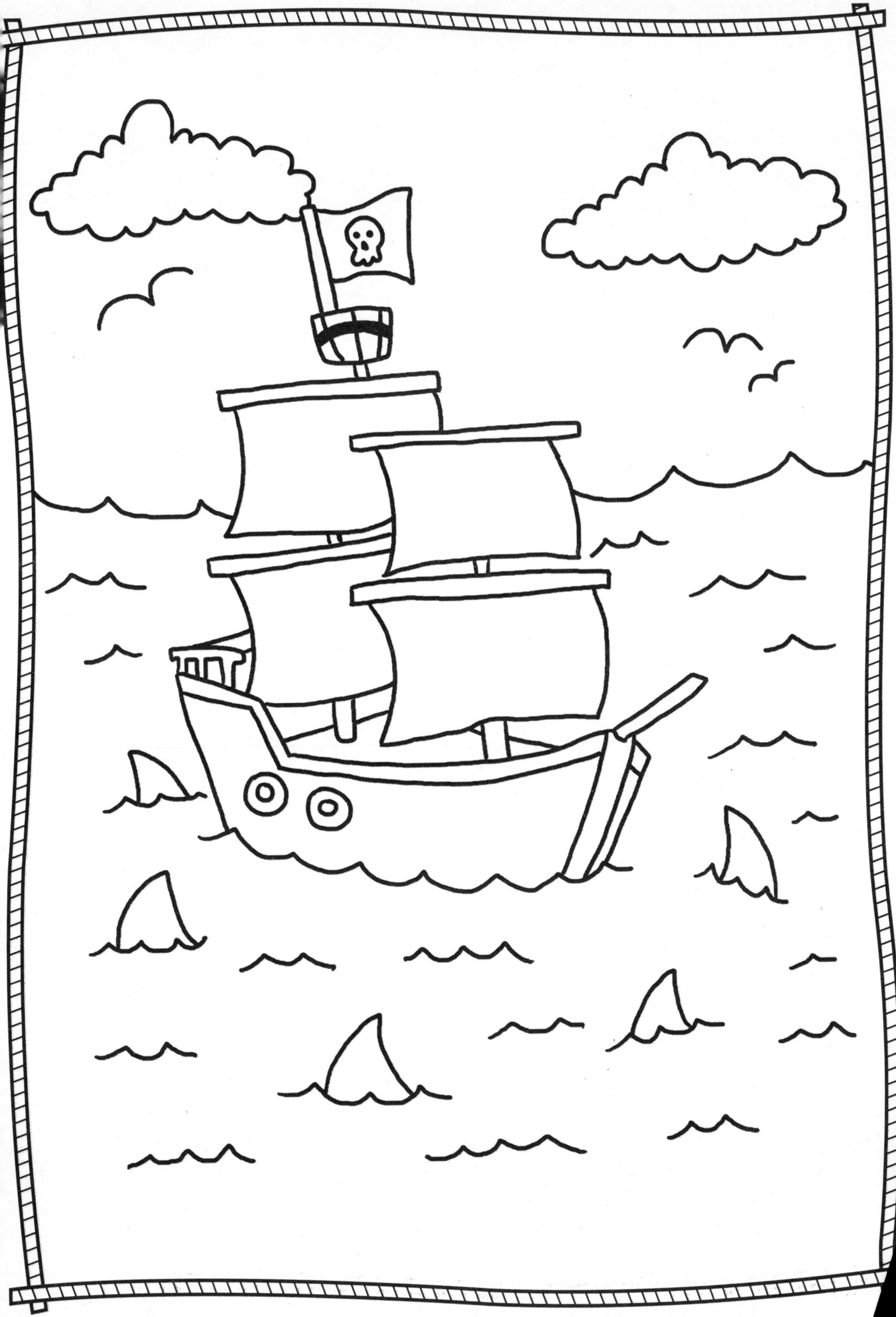

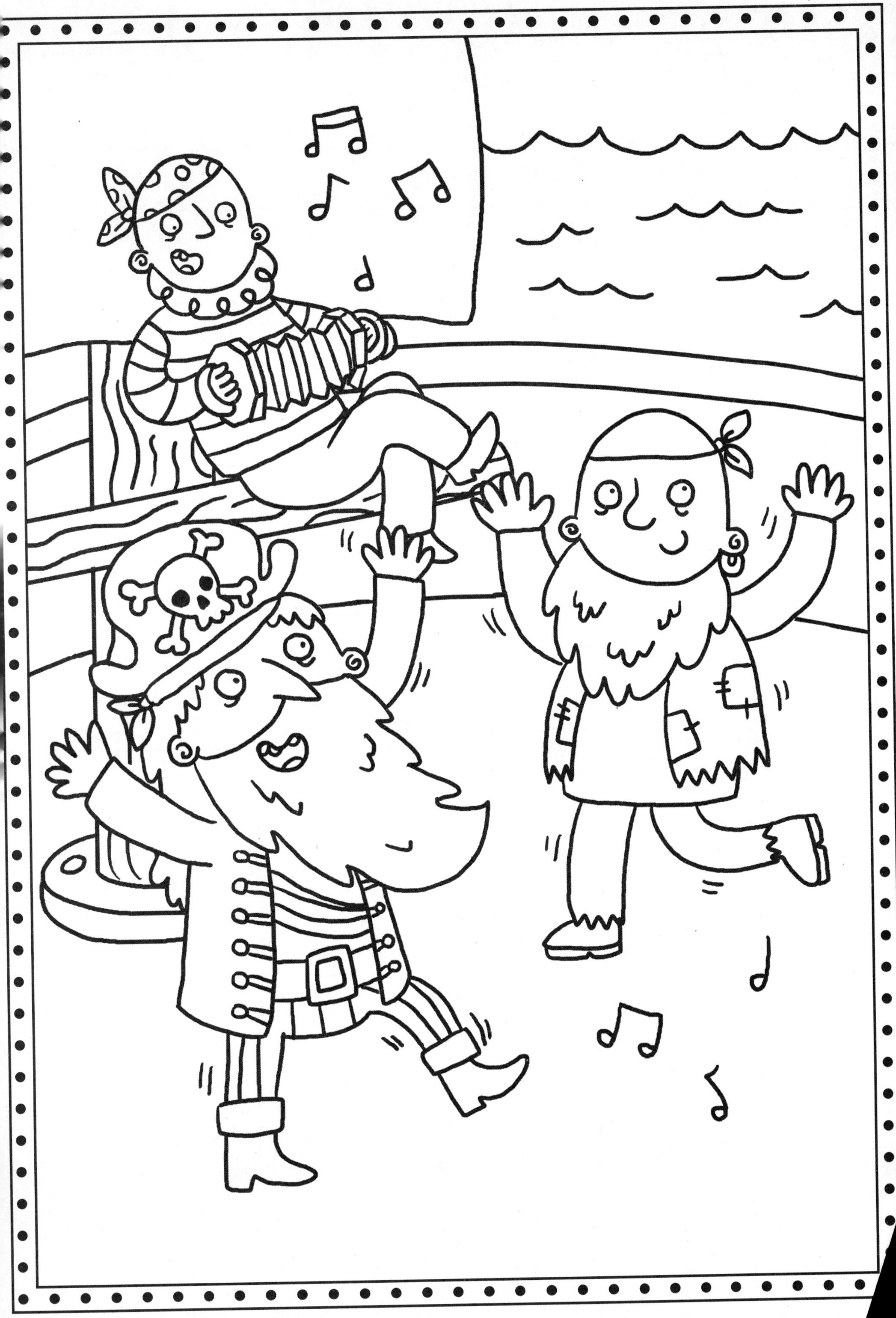

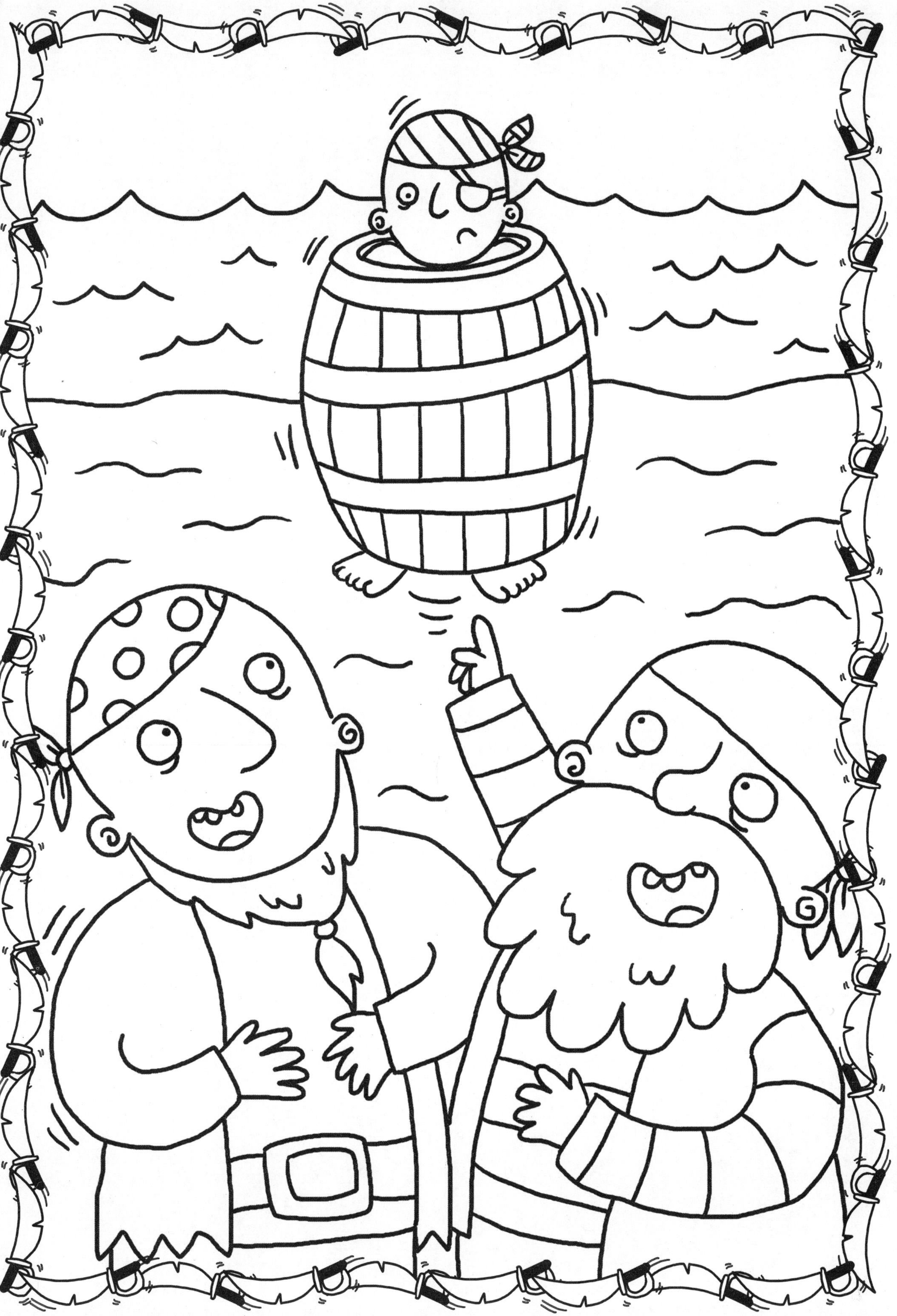